HEYNE BÜCHER

SCIENCE FICTION

Weitere Auswahlbände aus
The Magazine of Fantasy and Science Fiction
erschienen als Heyne-Bücher:

Saturn im Morgenlicht · Band 3011 (214)
Das letzte Element · Band 3013 (224)
Heimkehr zu den Sternen · Band 3015 (236)
Signale von Pluto · Band 3017 (248)
Die Esper greifen ein · Band 3019 (260)
Die Überlebenden · Band 3021 (272)
Musik aus dem All · Band 3023 (286)
Irrtum der Maschinen · Band 3025 (299)
Die Kristallwelt · Band 3027
Wanderer durch Zeit und Raum · Band 3031
Roboter auf dem Kriegspfad · Band 3033
Die letzte Stadt der Erde · Band 3048
Expedition nach Chronos · Band 3056
Im Dschungel der Urzeit · Band 3064
Die Maulwürfe von Manhattan · Band 3073
Die Menschenfarm · Band 3081
Grenzgänger zwischen den Welten · Band 3089
Die Kolonie auf dem 3. Planeten · Band 3097
Welt der Illusionen · Band 3110
Mord in der Raumstation · Band 3122
Flucht in die Vergangenheit · Band 3131
Im Angesicht der Sonne · Band 3145
Am Tag vor der Ewigkeit · Band 3151
Der letzte Krieg · Band 3165
Planet der Selbstmörder · Band 3186
Am Ende aller Träume · Band 3204
Das Schiff der Schatten · Band 3219
Stürme auf Siros · Band 3237
Der verkaufte Planet · Band 3255
Planet der Frauen · Band 3272
Als der Wind starb · Band 3288
Welt der Zukunft · Band 3305
Sieg in der Kälte · Band 3320
Flug nach Murdstone · Band 3337
Ein Tag in Suburbia · Band 3353

EIN PEGASUS FÜR MRS. BULLITT

Eine Auswahl
der besten SF-Stories

aus

THE MAGAZINE
OF FANTASY AND
SCIENCE FICTION

36. Folge

WILHELM HEYNE VERLAG
MÜNCHEN

HEYNE-BUCH Nr. 3369
im Wilhelm Heyne Verlag, München

Auswahl und deutsche Übersetzung
Wulf Bergner

Deutsche Erstveröffentlichung

Redaktion und Lektorat: Günter M. Schelwokat

Printed in Germany 1973
Umschlaggestaltung: Atelier Heinrichs, München
Gesamtherstellung: H. Mühlberger, Augsburg
ISBN 3-453-30246-X

Inhalt

F. A. Javor

Ein Pegasus für Mrs. Bullitt

Alles klappte prima, einfach wundervoll, und wenn Colin Hall ein weniger auf seine Arbeit konzentrierter junger Mann gewesen wäre, hätte er sich vielleicht die talentierten Hände gerieben oder seinem ebenso jungen, aber nicht ganz so gelassenen Partner Ed West auf den breiten Rücken geklopft.

Ihr Pferd, das sie für das Springen gemeldet hatten – Tabs Stolz, ein Hinweis auf die Initialen ihrer neugegründeten Firma *Tiere auf Bestellung* –, ein glänzend gestriegelter Rappe mit vollkommen gleichen weißen Fesseln und einer rautenförmigen Blesse, wurde eben auf dem Parcours vorgeführt, und der Beifall der Menge war ohrenbetäubend.

Colin warf instinktiv einen Blick auf den kleinen Bildschirm, den er provisorisch installiert hatte, um einige der Meßwerte, die Dutzende von Mikrosendern aus dem Pferdekörper übermittelten, auch optisch darzustellen. Diese Informationen wurden registriert und auf großen Magnetbandspulen festgehalten, um später dem Universitätscomputer eingegeben zu werden, falls sie – Ed und er – eine vollständige Analyse wollten. Oder genauer gesagt: falls sie irgendwie das Geld für die Computermiete zusammenkratzen konnten.

Aber obwohl die komplizierten und ständig wechselnden Lichtkurven nur wenige Meßwerte darstellten, genügten sie, um Colin zu zeigen, wie ihr Tier auf die bei weitem größte Menschenansammlung reagierte, die es bisher erlebt hatte. Ein sachkundiges, begeistertes Publikum, wie es dieses Springen alljährlich anzog.

Etwas zuviel Speichelabsonderung ... die Schmerzempfindlichkeit ist etwas zu hoch. Dabei hab' ich seinem Reiter gesagt, daß er ein empfindliches Maul hat ... Aber ansonsten reagierte Tabs Stolz auf den Beifall der Zuschauer ebenso gelassen, wie er den Applaus bei allen kleineren Turnieren entgegengenommen hatte, auf denen er genügend erste Plätze belegt hatte, um sich für dieses große Springen zu qualifizieren.

Dieses wichtige Turnier, auf das Ed und er sich schließlich in einer Mischung aus Hoffnung und Verzweiflung konzentriert hatten. Nach allen Vorarbeiten war es fast eine Antiklimax gewesen, die Zelle, aus der das prächtige Tier, das sie jetzt vor sich sahen, entstehen sollte, in den Embryotank einzubringen. Eine Antiklimax nach der schwierigen Festlegung der Genstruktur, der Planung und der Entscheidungen, mit denen ihr Versuch begann, *Tiere auf Bestellung,* ihr Zweimannunternehmen, das eine Totgeburt zu werden schien, in letzter Sekunde zu retten.

Er hatte den lachsroten Kontoauszug von dem Stapel Sollbuchungen genommen, die aus der Rohrpostanlage neben ihrer Bürotür gefallen waren.

»Ein tödliches Gen«, erklärte er Ed, der an dem Schreibtisch hockte, an dem eines Tages ihre Sekretärin hätte sitzen sollen, und mit einer Büroklammer spielte. »Ein tödliches Gen. Ein unheilbarer Mangel an kundenbildenden Enzymen.«

»Darüber habe ich gerade nachgedacht«, sagte Ed. Sein Gesicht trug ausnahmsweise einen ernsten Ausdruck. »Tiere auf Bestellung ist im Grunde genommen eine zukunftsträchtige Idee, aber meiner Meinung nach liegt die Hauptschwierigkeit darin, daß kein Mensch weiß, daß wir existieren.« Er ballte die Fäuste. »Wenn wir nur für uns werben dürften!«

»Das ist leider unethisch«, antwortete Colin sarkastisch lächelnd.

Ed warf die Büroklammer auf den Schreibtisch. »Unethisch!« wiederholte er. »Deshalb sitzen wir also herum und warten darauf, daß wir von selbst bekannt werden. Und in der Zwischenzeit verhungern wir!«

Seine Stimme klang schrill vor Erregung. »Zehn Sekunden. Lausige zehn Sekunden in irgendeiner Werbesendung. Lächerliche zehn Sekunden!«

»Nur keine Aufregung«, wehrte Colin ab. »Selbst wenn wir Werbung betreiben dürften, hätten wir vorläufig nicht das Geld dafür. Unsere Geräte . . .«

Ed winkte ab. »Danke, du brauchst mir nicht zu sagen, wieviel Miete wir für unsere Laborausstattung zahlen müssen. Ich habe den Vertrag mitunterzeichnet, falls du das vergessen haben solltest.«

Er machte eine Pause und rieb sich den Nacken. »Entschuldige, Colin«, murmelte er dann. »Ich wollte dich nicht so anfahren, aber das Ganze regt mich einfach auf. Wir haben großartige Dienstleistungen anzubieten, aber diese dämlichen Spielregeln stellen es als geradezu verwerflich hin, wenn Leute wie wir uns an die Straße stellen und das Publikum auffordern, uns etwas abzukaufen.«

Ed hob den Zeigefinger, bevor er weitersprach. »Ein Auftrag. Seitdem wir im Geschäft sind, haben wir einen einzigen Auftrag bekommen. Da muß man doch sauer werden!«

Er hatte recht. Obwohl ihre Firma seit einem halben Jahr bestand, hatten sie bisher eigentlich nur Anfragen bekommen – wie die des Arztes, der gehofft hatte, sie hätten eine Methode entwikkelt, mit deren Hilfe der menschliche Körper veranlaßt werden konnte, amputierte Gliedmaßen zu regenerieren.

Colin hatte ihm bedauernd mitteilen müssen, sie seien zwar imstande, Tiere mit kurzen oder langen Beinen zu züchten oder sogar Beine im Entwicklungsstadium zu verpflanzen, aber ihre Methode könne seine hochgespannten Erwartungen leider nicht erfüllen.

Außerdem waren mehrere Anfragen eingegangen, in denen Biologie- oder Genetikstudenten rohrpostwendend ihre neuesten Entwicklungsergebnisse verlangten, weil sie nur noch ein Wochenende Zeit hatten, um ihre Arbeit fertigzuschreiben und abzuliefern.

Und der eine regelrechte Auftrag, von dem Ed gesprochen hatte: vier junge Kühe für eine Großmolkerei. Alle vier identisch und genau dem Markenzeichen der Firma entsprechend. Die Tiere sollten zu Landwirtschaftsausstellungen geschickt werden, um für die Molkerei und ihre Erzeugnisse zu werben. Das war kein sonderlich schwieriger Auftrag. Züchterverbände und andere Stellen, die an Schlachtvieh interessiert waren, hatten bereits genügend Genforschung betrieben, so daß es sich eigentlich nur noch darum handelte, die nötigen Informationen zu beschaffen und einige Lücken zu füllen, um das gewünschte Tier zu produzieren.

Die Übereinstimmung mit dem Tier auf dem Warenzeichen war nicht weiter schwierig, weil man es nur anzusehen brauchte, um zu wissen, wie gut man die Ähnlichkeit getroffen hatte. Nur die unabwägbaren Details machten die Arbeit noch spannend.

Was identische Tiere betraf, brauchte man sich nur ans Vorbild der Natur zu halten, die seit jeher welche hervorbrachte. Es ging darum, das Ei zu teilen und die beiden Tochterhälften nochmals zu teilen.

Der Auftrag mit den Kühen hatte Colin auf seine Idee gebracht, und als er jetzt die Sollbuchungen las, war der Kampf mit seinem Gewissen rasch zu Ende. »Ed«, sagte er, »wir müssen etwas tun, um die Leute auf uns aufmerksam zu machen.«

»Das ist nicht schwer. Komm, wir ziehen los und sprengen irgendein öffentliches Gebäude in die Luft.«

»Nein, das sollte kein Witz sein. Erinnerst du dich an die Molkerei mit den Kühen?«

»Klar! Unser bisher einziger Kontakt zur Welt der großen Firmen außerhalb unseres Labors. Wir wollten diesen Leuten mit unserer Brillianz imponieren. Ja, daran erinnere ich mich noch gut . . .«

»Sie haben uns für vier Tiere bezahlt, deren einziger Zweck daraus bestand, ihren Firmennamen bekannt zu machen und den Verkauf ihrer Erzeugnisse zu fördern. Stimmt's?«

»Ja, aber das Honorar dafür ist längst wieder ausgegeben — und die Miete ist in vier Tagen fällig«, antwortete Ed. »Worauf willst du hinaus?«

»Die Sache ist ganz einfach«, behauptete Colin, der seine wachsende Begeisterung kaum noch verbergen konnte. »Was wir für andere getan haben, können wir auch für uns selbst.«

»Wir sollen vier Kühe für uns herstellen?« fragte Ed verblüfft.

»Natürlich nicht! Ich wollte damit nur sagen, daß wir uns ein Tier bauen sollten, das den gleichen Zweck wie die Werbekühe für die Molkerei erfüllt. Es soll uns die Aufmerksamkeit der Öffentlichkeit im allgemeinen und die Aufträge potentieller Kunden im besonderen sichern.«

Ed zupfte sich an der Unterlippe. »Ein Tier, das einzig und allein den Zweck hat, uns bekannt zu machen . . .« Er hob ruckartig den Kopf. »Augenblick, Fernsehen, Nachrichtenagenturen, Sportkommentare . . . der Sport der . . .«

»Richtig!« unterbrach Colin ihn. »Der Sport der Könige. Also ein Pferd.«

Jetzt leuchteten auch Eds Augen. »Paß auf, wir bauen uns das schnellste Rennpferd aller Zeiten und . . .«

»Nein.« Colin schüttelte den Kopf. »Kein Rennpferd.«

»Kein Rennpferd?« Ed wirkte wieder verwirrt.

»Nein. Die Leute, die wir auf uns aufmerksam machen wollen, haben nichts mit Pferderennen zu tun. Außerdem . . .« Er lächelte wieder sarkastisch. »Außerdem können wir's uns ethisch nicht leisten, unser Ziel so deutlich anzusteuern. Das Ganze muß wie eine Liebhaberei aussehen. Wir stellen ein Pferd her, das am nächsten Springturnier in der New Arena teilnimmt.«

»Augenblick!« sagte Ed. »Ist der Bruder des Dekans nicht Pferdezüchter?«

Colin schüttelte den Kopf. »Nein, nicht Harrison Bullitt – seine Frau. Aber weißt du, wer Ehrenpräsident des Veranstaltungskomitees ist?«

Diesmal schüttelte Ed den Kopf. »Nein.«

»Kommodore Joshua E. Wall.«

»Kommodore Joshua ... Meinst du etwa Kommodore Joshua E. Wall, den Chef des Beschaffungsamtes der Marineflieger?«

Colin nickte breit lächelnd. »Allerdings! Genau den meine ich: Kommodore Joshua E. Wall, mit dem wir von Anfang an Verbindung aufzunehmen versucht haben.«

»So exklusiv, wie du tust, ist der Klub gar nicht. Wall ist nur einer von vielen, die mit keiner Silbe auf unsere schüchternen Annäherungsversuche reagiert haben.«

»Richtig, aber wenn wir ihn dazu bewegen können, uns einen Auftrag zu erteilen, brauchen wir uns wegen der meisten anderen keine Sorgen mehr zu machen.«

Ed schob seinen Stuhl zurück und stand auf. »Worauf warten wir dann noch? Komm, wir fangen gleich an ... Wann findet das Turnier übrigens statt?«

»Anfang November, aber Meldeschluß ist irgendwann im Oktober.«

»Oktober! Das ist verdammt knapp, wenn wir ein ausgewachsenes Tier herstellen müssen.«

»Knapper als du denkst. Wir müssen ihn zuerst an kleineren Turnieren teilnehmen und eine Handvoll Siegerschleifen gewinnen lassen, bevor er sich für das große Springen qualifizieren kann. Aber können wir etwa bis nächstes Jahr warten, Ed?«

»Mein Kopf kann, aber mein Magen ist anderer Meinung. Worauf warten wir also noch? Die Miete für den Analysator ist in vier Tagen fällig.«

Der gemietete Elektronenanalysator riß ein tiefes Loch in ihre Kasse, aber sie waren auf dieses Gerät angewiesen, wenn sie Genstrukturen aufbauen wollten. Sie hätten den Analysator der Universität mitbenützen können – aber die Vorschriften bestimmen in solchen Fällen, daß die jeweiligen Wissenschaftler im Auftrag der Universität forschten. Statt dessen hatten Colin und Ed sich ein eigenes Gerät gemietet, um die Unabhängigkeit ihrer Firma *Tiere auf Bestellung* zu erhalten.

Nun folgten Monate harter Arbeit und schlafloser Nächte, in denen sie Tutor-Bänder für die Universität herstellten, um leben, das

Büro unterhalten, Tabs Stolz von Turnier zu Turnier befördern und die Reiter bezahlen zu können. Das alles schien sich jetzt gelohnt zu haben. Die Reaktion des Publikums auf den Anblick des schwarzen Hengstes zeigte, daß sein guter Ruf ihm vorausgeeilt war und daß ihr riskantes Spiel sich endlich lohnen würde.

Colin spürte, wie Ed ihn anstieß. »Der Kommodore!« sagte Ed aufgeregt. »Dort drüben. Er will zu uns, glaub' ich.«

Auf den Tribünen herrschte ziemliches Gedränge, aber Colin fiel es nicht schwer, das weiße Haar und die breiten Schultern des hohen Offiziers auszumachen. Der Kommodore schien tatsächlich in ihrer Richtung unterwegs zu sein. Einige Schritte hinter ihm sah Colin einen zweiten Mann – ebenfalls weißhaarig, aber klein und schlank wie ein Jockey –, der dem Kommodore auf den Fersen blieb.

Er machte Ed auf den zweiten Mann aufmerksam. »Siehst du den kleinen Mann, der eben links am Preisrichtertisch vorbeigeht? Kennst du ihn?«

»Nein«, antwortete Ed, »aber er will dem Kommodore anscheinend ein Rennen liefern. Hoffentlich gibt's ein Kopf-an-Kopf-Rennen.«

»Warum hoffst du das?«

»Da fragst du noch? Wenn man was zu verkaufen hat, kann es nie schaden, wenn zwei Käufer auftreten und sich gegenseitig überbieten. Wer ist schließlich das Mädchen, mit dem alle jungen Männer ausgehen wollen? Immer die Kleine, die schon die meisten Freunde hat!«

Der Kommodore verschwand kurzzeitig aus Colins Blickfeld, weil er hinter ihrer Tribüne weiterging, und der kleine Mann folgte ihm weiter. Falls die beiden wirklich zu ihnen wollten, mußten sie innerhalb weniger Sekunden im Tribünenaufgang erscheinen. Colin zwang sich dazu, in die entgegengesetzte Richtung zu blicken.

Dann steuerte der Kommodore sie an. »Mr. Colin Hall?«

Colin sah zu dem großen weißhaarigen Mann auf. »Ich bin Colin Hall«, sagte er, wollte Ed West vorstellen und schwieg dann doch, weil der Kommodore seltsam verlegen wirkte.

»Mr. Hall«, fuhr der andere fort, »hier ist die Frage aufgeworfen worden, ob . . .«

»Hall? West?«

Die Stimme war nicht laut, aber trotzdem durchdringend. Der kleine weißhaarige Mann hatte Kommodore Joshua E. Wall einfach unterbrochen.

»Augenblick!« knurrte Colin, der sich über die Art des Neuankömmlings ärgerte und hören wollte, was der Kommdore hatte sagen wollen.

»Sind Sie Hall oder West?« erkundigte sich der Mann ungerührt.

Colin drehte sich auf seinem Platz nach ihm um. »Ich bin Colin Hall«, sagte er und wunderte sich, daß er trotz des allgemeinen Lärms das Gefühl hatte, inmitten atemloser Stille zu sprechen.

»Mrs. Bullitt will, daß Sie zu ihr kommen. Jetzt gleich.«

Colin gab sich keine Mühe, seinen Ärger zu verbergen. »Freund«, sagte er zu dem kleinen Mann, der früher einmal Jockey gewesen sein mochte, »ich weiß nicht, wer Sie sind, aber . . .« Er machte eine Pause, als ihm klar wurde, was der andere eigentlich gesagt hatte. »Mrs. Bullitt will mich sprechen?«

Der Mann nickte. »Jetzt sofort.«

Colin fühlte sich hin- und hergerissen. Der Kommodore war ein wichtiger Mann für ihn und Ed — und er war wegen einer Frage zu ihnen gekommen, die immerhin einiges Gewicht haben mußte, wenn sie nicht bis später warten konnte. Andererseits brauchten Ed und er ihre Jobs an der Universität, und die Schwägerin des Dekans war als ungeduldige und energische Frau bekannt.

Der Kommodore löste Colins Zwiespalt. Er sprach Colin an, beobachtete dabei jedoch den kleinen Mann. »Mrs. Bullitt hat die Abstammung Ihres Pferdes angezweifelt. Über diesen Protest muß natürlich noch offiziell entschieden werden, aber vorläufig genügt es, wenn Sie mir eine Frage beantworten. War Ihr Springpferd während seiner ganzen Tragezeit ein . . . ein Retortenfohlen?«

»Nein«, antwortete Colin verwundert. »Wir haben ihn wieder eingepflanzt. Warum?« die Methode, einem Muttertier ein Ei zu entnehmen und später wieder einzupflanzen, nachdem seine Entwicklung im Embryotank begonnen hatte, war längst nicht mehr neu. Er und Ed hatten sie bei Tabs Stolz nur aus wirtschaftlichen Erwägungen heraus verwendet. Die Techniker und die Geräte, die nötig gewesen wären, um das Hengstfohlen in Tanks aufzuziehen, hätten ein Vermögen gekostet. Aber wenn man nur eine trächtige Stute zu halten hatte . . .

»Mit anderen Worten«, fuhr der Kommodore fort, »ist Ihr Tabs Stolz auf natürliche Weise zur Welt gekommen.«

»Ja.« Colin nickte nachdrücklich.

Der Kommodore wandte sich direkt an den kleinen Mann, und Colin fand, seine Stimme klinge unnötig trotzig.

»Tabs Stolz wird nicht disqualifiziert. Das können Sie Ihrer Auftraggeberin ausrichten.«

Der kleine Mann zuckte mit den Schultern. »Gut, ich bestelle es ihr, Kommodore«, antwortete er ruhig, »aber Sie müssen entschuldigen, wenn ich Sie daran erinnere, daß in solchen Fällen nicht der Ehrenpräsident, sondern das Preisrichterkollegium zu entscheiden hat.«

Colin glaubte zu sehen, wie der Kommodore wankend wurde. »Augenblick!« warf er hastig ein. Er begriff nur, daß jemand — anscheinend Harrison Bullitts intransigente Frau — versuchte, seine und Eds einzige Hoffnung vom Wettbewerb auszuschließen. »Sie können unser Pferd jetzt nicht mehr disqualifizieren. Es ist als nächstes an der Reihe.«

Der Kommodore wandte sich von dem kleinen Mann ab. »Er hat recht, wissen Sie«, erklärte er Colin. »In dieser Frage kann ich nicht allein entscheiden, aber ich kann die Preisrichter um ihre Entscheidung bitten. Und genau das habe ich vor.«

»Aber unser Pferd soll doch jetzt . . .«

»Ja, ich weiß, daß es an der Reihe ist, aber ich lasse das Springen unterbrechen oder die Reihenfolge ändern, falls die Zuschauer ungeduldig werden. Am besten gehen wir erst einmal mit ihm.« Wall nickte zu dem kleinen Mann hinüber.

»Prima«, meinte der andere, ohne sich im geringsten durch die offen zur Schau getragene Abneigung des Kommodore stören zu lassen.

Colin sah und hörte kaum etwas; er ließ sich willenlos in eine der Suiten führen, die der Klub einigen bevorzugten Mitgliedern unter dem Stadion zur Verfügung stellte.

Der Raum, dessen Tür ihnen der kleine Mann öffnete, war groß und hell beleuchtet. An den Wänden und in zwei Nischen hingen oder standen Schleifen, Rosetten, Pokale und Plaketten. Hinter einem modernen Schreibtisch aus Palisanderholz saß ein dicklicher Mann in leuchtend blauem Blazer. Die Wand hinter ihm wurde von einem riesigen Fotoplakat ausgefüllt, das weiße Gebäude, Felder, Zäune und weidende Pferde zeigte. PFERDEFARM ABBY BULLITT stand in großen Buchstaben über dem Tor. Colin starrte das Foto sekundenlang bewundernd an. Er hatte nicht gewußt, daß Mrs. Bullitt sich so sehr für Pferde interessierte — und soviel für ihre Liebhaberei ausgeben konnte.

Neben dem Schreibtisch stand eine kleine mollige Frau, die selbst in eleganter Reitkleidung plump wirkte. Ihre Finger trommelten einen Marsch auf der polierten Tischplatte.

Colin erkannte Harrison Bullitt, weil er ihn schon im Büro des Dekans gesehen hatte; die Frau, die ihnen ein Gesicht mit hellgrauen kalten Augen und herabgezogenen Mundwinkeln zukehrte, als sie hereinkamen, mußte Mrs. Bullitt sein.

»Warum haben Sie nicht angeklopft?« begann sie. »Martin, Sie wissen doch, daß ich es nicht ausstehen kann, wenn Leute hereinkommen, ohne anzuklopfen.«

Der Mann neben Colin gab keine Antwort, aber Harrison Bullitt legte seiner Frau eine Hand auf den Arm. »Wir sind hier nicht zu Hause, Schatz. Dies ist ein Büro. An Bürotüren braucht man nicht anzuklopfen.«

Mrs. Bullitt schüttelte seine Hand ab. »Ich mag nicht, wenn Leute hereinkommen, ohne anzuklopfen. Martin?« Ihr Blick war wütender, als angesichts dieses harmlosen Vorfalls gerechtfertigt erschien.

»Ja, Ma'am«, antwortete der kleine Mann rasch.

Dann folgte langes Schweigen, während Mrs. Bullitt ihren Bediensteten anstarrte. Colin merkte, daß er schwer atmete, und räusperte sich unwillkürlich. Mrs. Bullitt sah sofort zu ihm hinüber.

»Sie«, fauchte sie ohne weitere Vorrede, »und Sie.« Als sie zu einem Punkt halbrechts hinter Colin hinübernickte, wußte er, daß dort Ed stand. »Sie sind die beiden jungen Männer, denen die Firma *Tiere auf Bestellung* gehört?«

Das war eine Frage, aber Colin hatte das Gefühl, eine Anklage zu hören. »Ja, Ma'am«, antwortete er.

»Lauter!« forderte sie ihn auf. »Ich kann Sie nicht hören. Ich verlange, daß die Leute deutlich reden, wenn sie mit mir sprechen.«

»Ja, Mrs. Bullitt, die sind wir«, bestätigte Colin mit etwas lauterer Stimme. Er ärgerte sich darüber, daß ihr scharfer Tonfall ihn aus dem Gleichgewicht gebracht hatte. Und er war wütend, weil sie seine und Eds Hoffnungen zunichte machen konnte, falls sie mit ihrem Protest gegen Tabs Stolz Erfolg hatte.

»Gut«, sagte die kleine Frau in der weiß-grün gestreiften Reitjacke.

Ihre Antwort verblüffte Colin. »Gut? Ich ... tut mir leid, das verstehe ich nicht.«

»Was gibt's da zu verstehen?« erkundigte sie sich ungeduldig. »Sie behaupten, Tiere auf Bestellung anfertigen zu können. Gut, ich möchte, daß Sie eines für mich herstellen. Ein Pferd ... ein besonderes Pferd... und nachdem Sie es gemacht haben, sollen Sie die Gußform oder was Sie dazu benützen unbrauchbar machen. Ich will ein Einzelstück — es soll mir gehören, und niemand außer mir darf jemals ein ähnliches besitzen.«

Das Leuchten in ihren Augen ließ Colin unwillkürlich zusammenzucken. Er dachte dabei an orientalische Herrscher, die einem Künstler die Hände abhacken ließen, damit er nicht für andere arbeiten konnte, oder die Baumeister blenden oder köpfen ließen, damit sie keinen ähnlichen oder gar schöneren Palast mehr bauen konnten.

»He, ein Vertrag mit Bullitt wäre nicht übel«, flüsterte Ed ihm ins Ohr. »Das ist zwar nur ein Einzelauftrag, aber dem Fotoplakat hinter dem Alten nach zu urteilen, sind die Bullitts stinkreich. Laß dich nicht lange bitten, Mann. Schließlich kommen wir damit rasch zu Geld und können unsere Erfahrungen mit Tabs Stolz auswerten.«

Harrison Bullitt beugte sich nach vorn. Er war selbst im Sitzen groß, und obwohl er seiner Frau keineswegs ähnlich sah, hatten beide den gleichen kalten Blick, der Colin daran denken ließ, daß Harrison Bullitt und seine Frau Abby sehr unangenehme Zeitgenossen waren.

»Tiere auf Bestellung«, sagte Bullitt. »Was tun Sie eigentlich?«

Colin hatte diese Frage schon Dutzende von Malen beantwortet. Er brauchte nicht nach Analogien zu suchen, um zu beschreiben, wie Ed und er mit dem lebenden Keimplasma von Tieren arbeiteten, wie faszinierend und monoton es war, Genstrukturen zu entwerfen, was erforderlich war, um gewünschte Eigenschaften durch Enzymkombinationen hervorzurufen, und wie sich die schädlichen Gene, die alle Lebewesen in sich tragen, eliminieren ließen. Colin hatte sich längst eine einfach Analogie zurechtgelegt, mit der er jetzt Bullitts Frage beantwortete.

»Stellen Sie sich ein Chromosom als winzige Perlenkette vor, die in jeder Tier- und Pflanzenzelle vorhanden ist. Jede Perle stellt ein Gen dar, das eine Eigenschaft des betreffenden Tieres bestimmt oder bestimmen hilft: die Augenfarbe, den Körperbau, die Pelzstruktur und dergleichen. Wir befassen uns mit dieser Kette, reparieren beschädigte Perlen, arrangieren sie anders und produzieren dadurch ein Lebewesen, das unseren Vorstellungen entspricht.«

Harrison Bullitt zuckte mit den Schultern. »Scheint ziemlich einfach zu sein.«

»In der Theorie klingt es allerdings einfach«, gab Colin zu. »Aber

Sie dürfen nicht vergessen, daß wir es mit einem lebenden Organismus zu tun haben. Das Tier kann leicht umkommen ... oder aus unbekannten Gründen eingehen. Die Temperatur in den Tanks kann eine Kleinigkeit zu hoch oder zu niedrig sein ... die Abschirmung gegen kosmische Strahlen kann an irgendeiner Stelle durchlässig werden ... Daraus entsteht oft etwas ganz anderes, als man erwartet hat, denn es genügt nicht, daß das Tier nur lebt – es soll auch leisten können, was der Besitzer von ihm erwartet.«

»Scheint eine ziemlich schlampige Methode zu sein«, sagte Harrison Bullitt. Colin konnte nicht unterscheiden, ob der große Mann mit ihm sprach oder nur laut nachdachte, ohne sich darum zu kümmern, ob ihm jemand zuhörte. Aber dann fuhr Bullitt fort: »Können Sie Körperteile vertauschen?«

Colin dachte an Fruchtfliegen mit veränderten Flügeln, an Versuchstiere mit drei Augen und an zweiköpfige Hunde. Die ersten Versuche auf diesem Gebiet hatten schon vor Jahren zu solchen Ergebnissen geführt, die heutzutage noch leichter erzielbar waren. Aber zwischen Ed und ihm existierte eine stillschweigende Vereinbarung, daß sie sich nie dazu erniedrigen würden, Abnormitäten zu produzieren.

»Wir können«, stellte Colin fest, »aber wir tun's nicht.«

Mrs. Bullitt lachte humorlos. »Unsinn, junger Mann! Sie dürfen nie behaupten, Sie wollten dieses oder jenes nicht tun. Sie würden sich wundern, wozu Sie imstande sind, wenn der Zwang groß genug ist.«

Colin gab keine Antwort, sondern versuchte nur, sich zu beherrschen. Potentiellen Kunden gegenüber mußte man zuvorkommend sein.

Mrs. Bullitt ließ sich in den Besuchersessel neben dem Schreibtisch ihres Mannes fallen.

Colin sah erst jetzt, daß sie große spanische Sporen an den Stiefeln hatte, und war überrascht. Er hätte nicht geglaubt, daß sie noch immer benützt wurden – ganz besonders nicht, um wertvolle Rassepferde anzutreiben.

An zwei Wänden standen moderne Couches, aber Mrs. Bullitt dachte nicht daran, ihnen mit einer Handbewegung Platz anzubieten. Colin, Ed und Martin, der jetzt einen Schritt zur Seite getreten war, blieben stehen. Der Kommodore saß in einem Sessel, in dem er gleich nach dem Hereinkommen Platz genommen hatte.

»Ich will ein Pferd«, sagte die Sitzende einfach, »mit Flügeln.«

»Ein Pferd«, wiederholte Colin. Dann schluckte er trocken. »Ein was?«

»Eine großartige Idee, nicht wahr? Ein Pferd, das fliegen kann. Niemand, kein Mensch im Pferdezüchterverein oder auf der ganzen Welt kann das übertreffen.«

Colin konnte Mrs. Bullitt nur anstarren. Das konnte unmöglich ihr Ernst sein, aber ihr Gesichtsausdruck zeigte, daß sie jedes Wort so meinte, wie sie es gesagt hatte. »Das ist ausgeschlossen«, stieß er hervor. »Das ist physisch unmöglich.«

Mrs. Bullitt warf ihm einen wütenden Blick zu und schlug mit der flachen Hand auf die Sessellehne. »Sagen Sie das nicht«, forderte sie ihn auf. »Dieses Wort gefällt mir nicht, verstanden? Ich will's nicht hören.«

»Aber es ist wirklich unmöglich!« sagte Colin und wußte im Augenblick nicht, ob er um ihr Verständnis warb oder nur versuchte, selbst bei Verstand zu bleiben. Er hatte noch nie Leute wie die Bullitts kennengelernt.

Schräg hinter ihm sagte Ed halblaut: »Sie will einen Pegasus. Eine fliegende, wiehernde griechische Sage will sie.«

»Ein fliegendes Pferd ist physisch unmöglich«, wiederholte Colin.

Harrison Bullitt lächelte amüsiert. »Alles ist unmöglich – bis genug dafür geboten wird.« Er richtete sich auf. »Gut, lassen wir diesen Unsinn. Wieviel kostet mich der Spaß?«

Colin kam sich wie ein Mann vor, der auf sandigem Boden festen Halt zu gewinnen versucht. »Sie haben mich mißverstanden. Es handelt sich nicht um eine Geldfrage. Geld hat nichts damit zu tun.«

Bullitt schien ungeduldig zu werden. »Ich verstehe nicht, was daran so schwierig sein soll. Sie haben gesagt, Sie könnten Körperteile vertauschen. Warum sollte es dann schwierig sein, einem Pferd ein Flügelpaar aufzupfropfen?«

Der Boden unter Colins Füßen schien immer nachgiebiger zu werden. »Ein Flügel ist nicht einfach etwas, das man ankleben kann, und er ist kein vergrößertes Schulterblatt. Er gehört mit zum Skelett eines Tieres und besitzt ein eigenes Muskelsystem, das ihn stützt, bewegt und . . .«

»Fliegenflügel haben auch nicht viel Knochengerüst«, unterbrach Harrison Bullitt ihn. Er gab sich jetzt keine Mühe, seine wachsende Verärgerung zu verbergen.

Der Sand schien allmählich zu Treibsand zu werden. »Ja, natürlich, aber eine Fliege — überhaupt jedes Insekt — hat nur einen

Bruchteil des Körpergewichts des kleinsten Vogels«, wandte Colin ein. Er überlegte krampfhaft, wie er die beiden davon überzeugen konnte, daß es ihm nicht darum ging, künstlich Hindernisse aufzutürmen, um mehr Geld verlangen zu können. »Stellen Sie sich den größten Vogel vor. Einen Kondor. Drei Meter Spannweite. Wieviel wiegt er? Zwanzig Kilo.

Und jetzt ein Pferd. Selbst ein leichtes Reitpferd wiegt etwa fünfhundert Kilo, und Sie wissen besser als ich, was für gewaltige Muskeln es braucht, um sich zu ebener Erde zu bewegen. Selbst wenn wir ...« Er machte eine Pause, weil ihm auffiel, daß er wie diese Leute über das Fantastische dachte.

»Selbst wenn wir seine Vorderbeine zu Flügeln umbilden könnten«, fuhr er fort, »wären die Muskeln, die es brauchte, um eine halbe Tonne in die Luft zu heben, so gewaltig schwer, daß das arme Tier wahrscheinlich gar nicht mehr stehen könnte. Um dieses Gewicht zu tragen, müßten wir die Knochen stabiler machen, wodurch das Körpergewicht weiter anwachsen würde ... Sie verstehen doch, was ich meine?« fragte er hilflos.

»Gewicht«, wiederholte Bullitt verächtlich. »Erzählen Sie uns nichts von Gewicht! Wir haben erst gestern abend im TriV einen ... einen fliegenden Dinosaurier gesehen. Gewicht!«

»Ein Reptil«, wandte Colin verzweifelt ein. »Ein Pterodaktylus. Aber selbst die größten Exemplare dieser Gattung hatten nur sechs Meter Spannweite.«

Colin hatte nicht sonderlich auf Mrs. Bullitt geachtet, deshalb erschrak er, als sie jetzt aus ihrem Sessel hochfuhr. »Da hast du's!« erklärte sie ihrem Mann. »Ich habe dir gleich gesagt, daß es keinen Zweck hat, zu diesen Leuten nett zu sein. Sie verstehen einen nur, wenn man energisch mit ihnen redet. Gut, wenn sie's nicht anders wollen ...«

Sie starrte Colin an, »Junger Mann«, fuhr sie fort, »ich will ein fliegendes Pferd. Verschaffen ... Sie ... es ... mir?« Mrs. Bullitt machte absichtlich eine Pause nach jedem Wort.

»Ich ... ich ...«, stammelte Colin – und hörte dann zu seiner Überraschung Eds Stimme.

»Augenblick, ich möchte sichergehen, daß wir Sie richtig verstanden haben, Mrs. Bullitt«, sagte Ed nüchtern und gelassen. »Wir sollen Ihnen eine Neuschöpfung des sagenhaften fliegenden Pferdes Pegasus liefern, nicht wahr?«

Colin starrte ihn sprachlos an. *Neuschöpfung . . . sagenhaft . . .* was war in Ed gefahren?

Und dann hörte er Mrs. Bullitts Stimme. »Sagenhaft? Soll das heißen, daß es schon einmal jemand gegeben hat, der ein fliegendes Pferd hatte?«

Colin sah wieder zu ihr hinüber. Ihr Gesichtsausdruck war stets mürrisch, aber jetzt schienen die herabgezogenen Mundwinkel etwas anderes auszudrücken. War sie etwa wirklich enttäuscht?

Vielleicht hatte Eds scheinbarer Wahnsinn doch Methode. Wenn Mrs. Bullitt sich davon überzeugen ließ, daß sie nicht als erste ein fliegendes Pferd besitzen würde, erschien ihr die Idee vielleicht nicht mehr so verlockend, daß sie weiter darauf bestand.

Aber er mußte Eds Absichten mißverstanden haben, denn sein Partner fuhr unglaublicherweise fort: »Vermutlich nicht im eigentlichen Sinn des Wortes, Mrs. Bullitt, aber ich glaube, daß viele Sagen – selbst die fantastischeren – auf Tatsachen beruhen.«

Mrs. Bullitt benützte Eds Worte als Munition. »Da haben Sie's«, fauchte sie Colin an. »Ihr Partner gibt zu, daß das möglich wäre.«

Aber Colin starrte Ed an. Ungläubig.

»Was soll der Unsinn?« fragte er ihn scharf. »Welche Sagen meinst du – und welche Tatsachen?«

Und Ed sah ihm ruhig ins Gesicht, während er antwortete: »Beinahe jede Sage . . . oder sogar jede Spruchweisheit. Zum Beispiel die Sache mit den ›dummen Blonden‹. Du weißt selbst, daß es gelegentlich Menschen ohne das pigmentbildende Enzym gibt. Solche Leute können natürlich nur blond sein. Aber sie sind außerdem geistig zurückgeblieben. Jemand hat diese beiden Tatsachen miteinander in Verbindung gebracht und daraus eine gar nicht gerechtfertigte allgemeine Schlußfolgerung gezogen. Aber dahinter steht eben doch eine Tatsache . . .«

Colin konnte Ed nur sprachlos anstarren. Das Enzym hieß Phenylalaninase und die geistige Behinderung phenylpyruvische Oligophrenie. Aber das mit dem Pegasus konnte unmöglich Eds Ernst sein!

Oder etwa doch? Ed sprach weiter: »Und du erinnerst dich bestimmt an den europäischen Tierpark – in München, nicht wahr? –, der durch Rückzüchtung ausgestorbene, längst sagenhafte Tiere hervorgebracht hat?«

»Ja, aber das war noch einfach!« stellte Colin fest. »Dort hat man Rinder so lange rückgezüchtet, bis sie wie ihre ausgestorbenen

Vorfahren aussahen. Aber woher willst du mir das Germplasma eines Halbgotts beschaffen, damit wir diesen Versuch mit einem fliegenden Pferd wiederholen können?«

Colin holte tief Luft, weil er nicht wußte, ob er lachen oder jemand ohrfeigen oder einfach nur mit dem Kopf gegen eine Wand rennen sollte, und sagte in den Raum hinein: »Vielen Dank für ihr Vertrauen zu unseren Fähigkeiten. Es ist schmeichelhaft, aber leider unangebracht. Wir können kein fliegendes Pferd herstellen. Nochmals vielen Dank und auf Wiedersehen.«

Als er Ed am Arm packte und vor sich her in den Gang hinausstieß, hörten sie hinter sich Mrs. Bullitts wütende Stimme.

»Sie kommen wieder, das garantiere ich Ihnen! Sie kommen zurück, aber ich garantiere Ihnen, daß ich beim nächstenmal nicht so umgänglich bin.«

Colin mußte sich beherrschen, um die Tür leise zu schließen.

Er wandte sich an Ed. »Was ist plötzlich in dich gefahren? Du weißt doch genau, daß wir ihr nicht verschaffen können, was sie will! Das kann niemand.«

»Natürlich weiß ich das«, gab Ed zu. »Aber dieser Frau ist nicht mit rationalen Argumenten beizukommen. Ich wollte etwas Zeit schinden, damit wir uns irgendwas einfallen lassen können. Wie die Dinge jetzt stehen, mag der Teufel wissen, was sie nun vorhat.«

»Ich . . . tut mir leid, Ed, aber ich . . .«, begann Colin und wurde dann unterbrochen, weil die Tür hinter ihnen geöffnet wurde. Der Kommodore kam in den Gang heraus und schloß die Tür. Er blieb stehen, rieb sich den Nacken und schüttelte dann den Kopf. »Ein fliegendes Pferd«, murmelte er. »Ein fliegendes Pferd.«

Er warf Colin einen fragenden Blick zu »Das ist unmöglich, was?«

Colin hatte keine Lust, alle Argumente zu wiederholen. Deshalb nickte er schweigend.

»Wissen Sie das bestimmt?« erkundigte Wall sich. »Ich möchte keine Spruchweisheiten verbreiten, aber die Sache mit dem Schwierigen, das gleich erledigt werden kann, und dem Unmöglichen, das etwas länger dauert, hat meiner Meinung nach viel für sich. Wir tun heutzutage Dinge, von denen wir früher gewußt haben, daß sie unmöglich waren.«

Er lächelte. »Früher hieß es ›Bisher ist noch keiner oben geblieben‹, wenn von Flugzeugen und dergleichen die Rede war.« Er machte eine Pause und betrachtete die beiden jungen Männer, die vor ihm standen. »Haben Sie sich in letzter Zeit mit unseren Satelliten befaßt?«

Colin fiel auf, daß der Kommodore nicht viel anders als Harrison Bullitt redete. »Ja, ich weiß, was Sie meinen, Sir«, behauptete er rasch, weil er wieder das Gefühl hatte, Treibsand unter den Füßen zu haben, und nicht in der Nähe von Abby Bullitts Büro bleiben wollte.

»Nein, das wissen Sie nicht!« erklärte ihm der Kommodore geradeheraus. »Ich habe daran gedacht, Tabs Stolz zu kaufen; ich habe ihn mir genau angesehen. Dann ist mir klar geworden, daß Ihr Verfahren sich auch für andere Zwecke eignen müßte – zum Beispiel zur Aufzucht von Schlachtvieh. Ich könnte Ihnen einen Entwicklungsauftrag geben, den ich mit gutem Gewissen vertreten könnte. Aber wenn Abby die Hand im Spiel hat, geht es nicht nur darum, sich notfalls vor einem Untersuchungsausschuß verantworten zu müssen. Sie arbeitet gründlich und schnell. Und Sie würden wahrscheinlich schon Schwierigkeiten bekommen, wenn eines Ihrer Schweine den Gehsteig verunreinigen würde.«

Er schüttelte zuerst Colin und dann Ed die Hand. »Denken Sie darüber nach«, riet er ihnen. »Und rufen Sie mich gelegentlich an, wenn Sie mit Abby Bullitt klargekommen sind.«

Nachdem Wall gegangen war, herrschte trübseliges Schweigen, bis Ed schließlich sagte: »Vielleicht hat er sogar recht.«

»Daß wir versuchen müssen, mit Mrs. Bullitt klarzukommen? Nichts lieber als das.«

»Nein, ich meine die Dinge, von denen wir wissen, daß sie unmöglich sind. Wir wissen, daß ein Pferd nicht fliegen kann, und wir kennen die Gründe dafür. Vielleicht wäre es besser, alles auf den Kopf zu stellen und von der Voraussetzung auszugehen, daß ein Pferd fliegen kann. Was ergibt sich daraus?«

Aber Colin konnte nicht mehr klar denken. *Ein Pferd kann fliegen.* Jetzt hatte der Bullitt-Virus schon Ed erwischt. *Ein Pferd kann fliegen.* »Laß gut sein!« forderte er ihn auf. »Komm, wir kümmern uns um unseren Gaul und verschwinden dann.«

Tabs Stolz stand bereits in seiner Box, als sie die Stallungen erreichten. Sie überzeugten sich davon, daß der Hengst gut versorgt wurde, und zuckten mit den Schultern, als die Pferdepfleger bedauerten, daß er für heute gestrichen worden war. Danach zeigten sie ihre Teilnehmerkarten am Schalter des Geschäftführers vor.

Der Mann hinter dem Gitter war hager, kahlköpfig und braungebrannt. Er hakte ihre Nummer auf seiner Liste ab.

»Mr. Hall? Mr. West?« fragte er. Als die beiden nickten, fügte er hinzu: »Sie möchten diese Nummer anrufen.« Er reichte ihnen einen zusammengefalteten Zettel durchs Gitter.

»Danke«, sagte Colin und faltete das Papier auseinander. »Der Dekan«, erklärte er Ed. »Was der von uns will?«

»Ich kann's mir vorstellen«, murmelte Ed, »und es gefällt mir bestimmt nicht.«

Colin wählte die angegebene Nummer und schaltete auf Lautsprecher um, damit Ed mithören konnte.

Der Dekan wirkte verlegen, als sie ihn auf dem Bildschirm des Visaphons vor sich hatten. Er sprach lange über die ausgezeichnete Arbeit, die Colin und er bisher geleistet hatten. Er erwähnte kurz den Verwaltungsrat. Er versicherte Colin und Ed seiner größten persönlichen Hochachtung. Aber als er fertig war und das Gespräch beendete, wußten die beiden, was er eigentlich hatte sagen sollen.

Die Universität wollte in Zukunft auf ihre Tutor-Bänder verzichten. Colin und Ed waren überflüssig geworden.

»Sie reagiert schnell«, meinte Ed fast bewundernd. »Verdammt schnell.«

»Sie hat uns garantiert, daß wir zurückkommen würden. Ich habe natürlich erwartet, daß sie irgend etwas unternehmen würde, aber ich hätte nie gedacht, daß sie auf solche Tricks verfallen würde. Das . . . das ist unzivilisiert.«

»Was kannst du von solchen Leuten anderes erwarten?« fragte Ed. »Aber wir haben immerhin noch ein Büro mit unserem Namen an der Tür.«

Er lachte sarkastisch. »Allerdings nur, wenn die Putzfrauen dem Hauswirt nicht verraten haben, daß wir seit einem Vierteljahr dort schlafen.«

Das große Turnier dauerte eine Woche lang, und zu Colins Erstaunen reagierte Mrs. Bullitt nicht einmal, als die Preisrichter in der Frage nach der Abstammung ihres Pferdes zu Eds und seinen Gunsten entschieden.

»Ich glaube, daß sie diesmal gar nicht gewinnen wollte«, meinte Ed. »Hätte sie dafür gesorgt, daß unser Gaul endgültig disqualifiziert wird, wäre damit auch ihr fliegendes Pferd in Zukunft automatisch disqualifiziert worden, falls sie es hätte melden wollen.«

»Eigentlich hätte sie Anspruch auf eine Sonderklasse«, sagte Colin. »Wenn nicht für ihr Pferd, dann für sich selbst.«

Aber Ed konnte recht haben. Vielleicht hatte Mrs. Bullitt sie nur behindern wollen, um sie anzuspornen, die Dinge durch ihre Brille zu sehen.

Er und Ed hatten am grünen Tisch gesiegt, aber ihr Sieg erwies sich als wertlos. Als sie wieder in den Stall kamen, klebte eine schildförmige Mitteilung des Sheriffs an einem senkrechten Balken der Box. Ihre Gläubiger — allen voran die Bank — hatten den Hengst pfänden lassen, um eine Sicherheit für ihre Forderungen zu haben.

Colin sah vor Wut rot. Er hatte nicht mehr das Gefühl, Treibsand unter sich zu haben, sondern mit dem Rücken an einer Wand zu stehen. Er holte tief Luft, ballte die Fäuste . . . und fühlte sich völlig hilflos.

Tabs Stolz stampfte unruhig. Der Hengst blähte die Nüstern und warf den Kopf zurück.

»Ich mache unser Pferd nervös«, sagte Colin. »Komm, wir verschwinden.«

»Okay«, murmelte Ed. »Okay.« Und Colin sah, daß er blaß geworden war.

Nachdem sie die Kontrolle passiert hatten und die Straße erreichten, hatte Colin plötzlich eine Idee.

Er hielt Ed am Arm fest. »Ed«, fragte er, »woran erkennst du ein Pferd?«

Ed riß sich ungeduldig los. »Ich bin im Augenblick nicht in der richtigen Stimmung für Scherzfragen«, stellte er fest. »Tu mir einen Gefallen und laß den Unsinn!«

»Das ist mein Ernst. Woher weißt du, daß ein Pferd ein Pferd ist?«

»Gut, meinetwegen. Woher ich das weiß. Weil es wie ein Pferd aussieht!« Ed machte eine Pause und runzelte die Stirn. »Willst du etwa . . .«

»Richtig, genau das meine ich!« warf Colin ein. »Ich will unser Problem umdrehen. Anstatt zu versuchen, ein Pferd heranzuziehen, das fliegen kann, nehmen wir ein Tier, das schon flugfähig ist und machen daraus ein Pferd — oder zumindest etwas, das wie ein Pferd aussieht.«

Ed lachte schallend. Colin glaubte einen hysterischen Unterton zu hören.

»Einen . . . einen . . . tausend Pfund schweren Vogel!«

»Er würde keine tausend Pfund wiegen«, widersprach Colin. »Vögel sind anders gebaut als Pferde. Sie haben hohle Knochen.« Er rüttelte Ed an der Schulter. »He, hörst du überhaupt zu?«

Aber Ed lachte weiter. »Ein . . . ein Pferd mit Federn!«

»Eine Feder ist nichts anderes als ein modifiziertes Haar – und umgekehrt.«

Ed wischte sich Tränen aus den Augen. »Hohle Knochen, was? Hast du schon mal die Knochen eines dreißig Pfund schweren Truthahns in der Hand gehabt? Ein Tier von der Größe eines Pferdes wiegt auch soviel wie ein Pferd. Du mußt trotzdem eine halbe Tonne heben, und es spielt dabei keine Rolle, ob Pferdemuskeln oder Vogelmuskeln versuchen, das zu tun. Es ist auf keinen Fall zu schaffen.«

Ed hatte recht. Um zu dem gewünschten Ergebnis zu kommen, mußten sie von etwas ebenso Ungewöhnlichem ausgehen. »Entschuldige«, murmelte Colin. »Ich . . . ich kann einfach nicht richtig denken.«

Sie machten sich zu Fuß auf den Weg zu ihrem Büro, das kaum eine Viertelstunde weit entfernt war. Colin lachte humorlos, als das Gebäude in Sicht kam. »Heute nacht ist es kühl. Hoffentlich ist es Mrs. Bullitt nicht gelungen, uns aussperren zu lassen.«

Colin hatte geglaubt, eine ironische Bemerkung zu machen, aber als sie ihre Bürotür erreichten, baumelte ein kleiner grüner Anhänger an der Türklinke. Ihr Mietvertrag untersagte ihnen ausdrücklich, das Büro zu Wohnzwecken zu benützen. Sie wurden hiermit aufgefordert, es innerhalb von drei Tagen zu räumen.

»Sie ist eine Hexe«, behauptete Ed und starrte den grünen Anhänger an.

Colin konnte zunächst nur wortlos nicken.

»Wir gehen wieder zu ihr«, entschied er, als er wieder sprechen konnte. »Wir gehen zu ihr und unterschreiben ihren Vertrag. Sie bekommt irgend etwas. Ich weiß nicht, was – aber du kannst mir glauben, daß es wie ein Pferd aussieht . . . und ich verspreche dir, daß es fliegen kann!«

Im Reitstadion fanden sie Mrs. Bullitt im Büro des Geschäftsführers, wo sie dem Kahlköpfigen einige Papiere unter die Nase hielt, während die vier oder fünf Angestellten im gleichen Raum so taten, als sähen und hörten sie vor lauter Arbeit nichts.

Sie schien nicht überrascht zu sein, Colin und Ed zu sehen, und hatte offenbar nicht die Absicht, sie mit in ihr Büro zu nehmen. Sie drehte sich nur nach ihnen um. »Aha, da sind Sie wieder!« fauchte sie. »Ich hab' Ihnen doch gleich gesagt, daß Sie zurückkommen würden.«

Ihr bissiger Tonfall hätte Colin noch am Tag zuvor dazu gebracht, ihr den Rücken zuzukehren und das Büro zu verlassen. Aber jetzt wich er nicht von ihr zurück und war selbst überrascht, wie ruhig seine Stimme klang.

»Ja, Mrs. Bullitt«, sagte er. »Wir sind bereit, Ihren Auftrag entgegenzunehmen.«

Die Frau in eleganter Reitkleidung winkte eine Angestellte heran, die sofort von ihrem Schreibtisch aufstand. »Auf meinem Schreibtisch liegt ein blauer Umschlag«, erklärte Mrs. Bullitt ihr. »Holen Sie ihn her!« Die Stenotypistin hastete aus dem Raum.

»Ich hab' gewußt, daß Sie wiederkommen würden«, sagte sie zu Colin und Ed. »Das Ganze ist nur ein psychologisches Problem. Man muß eben mit Leuten umgehen können — das ist alles. Die Leute merken erst, was sie können, wenn ihnen praktisch keine andere Wahl mehr bleibt.«

Sie lächelte zufrieden. »Ich sorge immer nur dafür, daß dieser Zustand eintritt.«

Colin beherrschte sich, aber er hörte Ed neben sich schwer atmen.

Die Stenotypistin kam mit einem blauen Umschlag zurück. Abby Bullitt nahm ihn ihr aus der Hand und warf ihn vor Colin auf den Schreibtisch des Geschäftsführers.

»Unterschreiben Sie«, forderte sie ihn auf und überließ es Colin, den Vertrag aus dem Umschlag zu nehmen und auseinanderzufalten.

Nach dem ersten Blick auf den vorgedruckten Text sah Colin verwirrt zu Mrs. Bullitt auf. »Dieser ... dieser Vertrag würde zwischen uns und der Universität abgeschlossen. Das verstehe ich nicht. Erst gestern hat Ihr Mann uns ...«

»Den gestrigen Vertrag hätten Sie mit mir geschlossen. Den heutigen schließen Sie mit der Universität.«

Sie lächelte und schien sich gut zu amüsieren. »Ich hab' Ihnen von Anfang an erklärt, daß ich beim zweitenmal weniger umgänglich sein würde.«

Colin erstarrte, als ihm klar wurde, was sie vorhatte. Sie wollte ihr fliegendes Pferd — und sie wollte Ed und ihn zwingen, es ihr umsonst zu verschaffen. Sie würde keinen einzigen Dollar dafür bezahlen!

Der Vertrag mit der Universität sah vor, daß ihnen alle benötigten Einrichtungen kostenlos zur Verfügung standen. Aber sie durften damit keinen Gewinn erzielen, und die Universität konnte entscheiden, ob ihre Namen als Erfinder genannt wurden oder nicht.

Er überflog den Vordruck. An einigen Stellen waren Leerzeilen angeordnet, die zusätzliche Bestimmungen aufnehmen konnte. Aber Mrs. Bullitts Zusätze waren ungewöhnlich.

»Sechzig Tage!« keuchte Colin benommen. Er starrte zuerst die lächelnde Frau und dann Ed an. »Sechzig Tage?« Er sah wieder zu Mrs. Bullitt hinüber.

»Ein kleiner zusätzlicher Anreiz«, erklärte sie ihm, »damit Sie nicht trödeln. Ich weiß recht gut, wieviel Zeit sich manche Leute lassen, wenn sie glauben, jemand gefunden zu haben, den sie ausnützen können. Innerhalb von sechzig Tagen müßten Sie zumindest etwas vorzuweisen haben. Los, unterschreiben Sie!«

Ed nahm Colin den Vertrag aus den zitternden Fingern und las ihn durch. »Nur sechzig Tage — und wir müssen einen Erfolg garantieren.« Er warf den Vordruck auf den Schreibtisch zurück. »Wie das formuliert ist, könnten wir wegen Betrugs verhaftet werden, wenn wir keine Ergebnisse vorzuweisen haben.«

Abby Bullitt hatte die Arme verschränkt. Sie schwieg hartnäckig.

Nach einer halben Minute griff Ed plötzlich nach dem Kugelschreiber auf dem Schreibtisch des Geschäftsführers und kritzelte seine Unterschrift auf den Vertrag. Er schob Colin Formular und Kugelschreiber zu. »Hier, unterschreib endlich, damit wir verschwinden können!«

Colin sah alles durch einen roten Nebel, als er seinen Namen unter den Vertrag setzte und den Kugelschreiber hinwarf. »Möchten Sie Ihr Pferd in einer bestimmten Farbe?« fragte er erbittert — und war sprachlos, als Mrs. Bullitt diese Frage ernst nahm.

»Arnold«, fragte sie den Geschäftsführer, »wie heißt der Likör, den wir vergangenen Mittwoch beim Jagdessen getrunken haben?«

»Chartreuse, Mrs. Bullitt. Chartreuse.«

»Das ist die richtige Farbe«, erklärte sie Colin. »Chartreuse gefällt mir.«

Ed lachte plötzlich und schien nicht mehr aufhören zu können. »Ein gelbgrünes Pferd! Ein fliegendes, feuerspeiendes gelbgrünes Pferd ...«

Auch als sie wieder im Freien standen, keuchte er noch: »Oh, ein gelbgrünes Pferd!«

»Warum denn nicht? Ein gelbgrünes ist genauso logisch wie ein fliegendes.«

Ed lachte wieder. »Logisch! Mein Gott, er redet tatsächlich von Logik . . .«

Aber sie begannen mit logischen Schritten. Mit Logik und Colins verrückter Idee, sie sollten mit einem bereits flugfähigen Tier anfangen. »Das Ganze ist jetzt ein kosmetisches Problem. Das Tier braucht kein Pferd zu sein – es muß nur wie eines aussehen.«

Gewicht im Verhältnis zur Körpergröße. Colin dachte an Fische, die sich mit Luft aufpumpen konnten: beachtliche Größe bei geringem Gewicht. Er erinnerte sich auch an einen Wurf Terrier. Er hatte die jungen Hunde nacheinander hochgehoben und war überrascht gewesen, weil einer bei gleicher Größe soviel leichter als die anderen gewesen war. Der Welpe war später eingegangen – aber er war leichter gewesen.

Sie schliefen in der Universität, aßen in der Cafeteria und arbeiteten, arbeiteten. Zuerst gemeinsam, aber später getrennt, als sich noch kein Hoffnungsschimmer zeigte und es darauf ankam, schnellstens weitere Möglichkeiten zu überprüfen.

Ed und Colin arbeiteten mit Vogelzellen. Sie suchten nach Körpergröße ohne Gewicht. Sie beschleunigten die Weiterentwicklung ihrer Versuchszellen und ließen den Computer das Ergebnis vorausberechnen, sobald sich eine bestimmte Richtung abzuzeichnen schien.

Etwas, irgend etwas, das groß war und fliegen konnte. Damit konnte man zumindest anfangen. Operationen und Verpflanzungen würden hoffentlich den Rest bringen.

Nichts.

Sechzig Tage. Mrs. Bullitt. Eine Abrechnung . . . . und ein Aufschub. Ed und Colin hätten ihn nicht erreicht, aber Mrs. Bullitts Schwager, der Dekan, verwandte sich für die beiden und erreichte, daß die Frist verlängert wurde.

Ein Aufschub. Eine Fristverlängerung und ein neuer Vertrag. Der Dekan verließ den Raum, als sie ihn unterschrieben; er konnte ihnen dabei nicht zusehen.

Wieder sechzig Tage. Keinen Tag mehr. Und diesmal eine Konventionalstrafe. Zusätzlich. Falls ihre Versuche erfolglos blieben, mußten sie der Universität sämtliche angelaufenen Kosten ersetzen.

Colin und Ed sahen sich jetzt nur noch selten. Sie schliefen, wenn sie konnten, arbeiteten, wenn sie konnten, und aßen, wenn sie konnten. Ed experimentierte jetzt mit bestrahlten Zellen, die er von überallher sammelte.

»Das Ganze ist natürlich eine Holzhammermethode«, gab er zu, »aber ich kenne kein lebendes Tier, mit dem wir etwas anfangen könnten. Wir müssen einfach irgendwas Neues finden!«

»Eine typische Panikreaktion«, stellte Colin fest.

»Was hast du in unserer Lage anderes erwartet?« erkundigte Ed sich.

An einem trüben Regennachmittag wachte Colin auf, weil Ed ihn an der Schulter rüttelte. »Wach auf!« rief er aufgeregt. »Ich hab' eine Echse, die Vogel spielt!«

Colin blinzelte verschlafen. »Eine Echse?«

»Ja. Mir ist eingefallen, daß Vögel und Reptilien entfernt verwandt sind, deshalb bin ich im Reptilienhaus gewesen, habe mir verschiedene Zellen geholt und sie bestrahlt. Eine Sorte hat in der Hochrechnung erstaunlich wenig Gewicht für ihre Größe gezeigt, deshalb habe ich das Tier wachsen lassen. Es hat eben versucht, mich anzufallen.«

Er hielt die Hand hoch, um Colin zu zeigen, wo er blutete. »Es hat Anlauf genommen und dabei mit den Vorderbeinen wie verrückt gerudert. Ich glaube wirklich, daß es zu fliegen versucht hat, Colin!«

Das Tier war eine unscheinbar braune Echse von der Größe eines kleinen Hundes, die in ihrem Käfig auf den Hinterbeinen saß. Und Ed hatte recht: man hätte glauben können, sie versuche zu fliegen, als sie sich auf die beiden Eindringlinge stürzte und seine Zähne in ihre vorsorglich umwickelten Ärmel schlug.

Sie entnahmen der Echse die benötigten Zellen und schläferten das Tier dann ein, weil es offensichtlich bösartig war.

Viele Zellen starben. Das war zu erwarten gewesen. Andere entwickelten sich falsch und mußten vernichtet werden. Nur eine einzige Zelle entwickelte sich zufriedenstellend und ließ den Hochrechnungen nach viel erwarten.

Ein schlanker Echsenkopf bildete sich heraus. Ohne Ohren. Das war kein Problem. Ohren konnten später angefügt werden. Aus den Vorderbeinen wurden jetzt echte Flügel. Ed und Colin verpflanzten die Vorderbeine eines anderen Embryos und hofften, daß die dazugehörige Muskulatur sich entwickeln würde. Gewebeverträglichkeit war kein Problem – schließlich stammten alle Zellen vom gleichen Tier.

Die Färbung war ein glücklicher Zufall. Sie arbeiteten nicht bewußt darauf hin, sie hatten sie nicht geplant, aber ihr Tier schien eine grün-goldene Haut zu haben. Ed lachte darüber. »Vielleicht bekommt sie jetzt doch ein Pferd, das wie Chartreuse aussieht.«

Und die Spannung. Die nervenaufreibende Spannung. Seit Tagen aus dem Tank, frißt noch immer nichts, scheint jedoch mit intravenöser Ernährung zu gedeihen. Und so leicht, so herrlich leicht, wie die Berechnungen vorausgesagt haben.

In der großen Turnhalle der Universität. Minisender eingepflanzt, Aufzeichnungsgeräte betriebsbereit, Bildschirm leuchtend. Das Tier am langen Zügel. Läuft wie sein Vorgänger auf den Hinterbeinen, die Flügel ausgebreitet. Ein Gleiten, kein echter Flug. Noch zu schwach, zu wenig entwickelt. Der Kopf muß noch pferdeähnlicher werden. Auch die Zähne sind für ein Pferd zu raubtierhaft. Zum Glück ist er zahm, nicht wie sein Pappi. Aber warum frißt er nicht?

Ed und Colin arbeiteten jetzt wieder gemeinsam. Weitere Versuche. Ihr Tier flog jetzt. Es flog ohne Zügel, kam, wenn es gerufen wurde, reagierte auf Handzeichen. Jetzt auch im Freien; für die Turnhalle ist es längst zu groß. Morgen der erste Versuch. Mrs. Bullitt anrufen.

Das Footballfeld der Universität. Ein klarer wolkenloser Tag. Sie hatten ein prächtiges Tier geschaffen.

Goldgrüne Färbung. In natürlicher Ruhestellung hockte es auf den Hinterbeinen und hatte die Vorderbeine, deren Krallen zu akzeptablen Hufen zusammengewachsen waren, vor sich auf dem Boden. Die mächtigen Schwingen waren nicht zusammengefaltet und lagen nicht am Körper an, sondern wurden hoch getragen, so daß ihre knochigen Vorderkanten über den Kopf hinausragten und entfernt an einen Heiligenschein erinnerten.

Der Schwanz, den Colin von seinem Platz aus nicht sehen konnte, hatte keine Ähnlichkeit mit einem Pferdeschwanz, sondern war flach und wurde als Steuerruder benützt. Ein schönes Tier, und Colin, der es am Zügel hielt, war stolz und ängstlich zugleich. Er hatte das Gefühl, ihr Tier warte auf irgend etwas. *Wo bleibt die verdammte Bullitt?*

Sie kam auf einem Pferd. Ed fluchte und wollte Colin helfen, ihr Tier zu halten, aber es scheute wider Erwarten nicht. Es hatte noch kein größeres Tier als einen Hund gesehen, aber es wirkte beinahe desinteressiert und blieb sitzen.

Abby Bullitt war begeistert. Sie schwang sich aus dem Sattel und blieb bewundernd vor dem Tier stehen. »Er ist schön, wunderschön!« wiederholte sie mehrmals und sah zu seinem großen Kopf auf.

Colin wandte sich ab, als er das Leuchten in ihren Augen sah. Sie schien hypnotisiert zu sein.

Und jetzt spürte Colin, daß ihr Tier sich bewegte. Die großen Augen beobachteten Mrs. Bullitt, und die mächtigen Schwingen entfalteten sich majestätisch langsam. Sie breiteten sich immer weiter aus, bis sie die Morgensonne zu verfinstern schienen.

»Oh«, keuchte die Frau. »Oh, ich muß ihn reiten!«

»Nein«, widersprach Colin. Hier ging etwas vor, das er nur unvollkommen verstand, und sein Unbehagen wuchs von Minute zu Minute. »Nein, er ist noch nie geritten worden. Nicht einmal bestiegen.«

Aber Abby Bullitt griff bereits nach dem Zügel. »Loslassen!« befahl sie ihm. »Ich muß ihn reiten.«

»Nein«, wiederholte Colin – und ließ im nächsten Augenblick los, als Abby Bullitt ihm mit der Reitpeitsche auf die Finger schlug und selbst nach dem Zügel griff.

Sie schwang sich auf den Rücken des Tieres, setzte sich in die Vertiefung zwischen den Flügeln und gab ihm die scharfen Sporen.

Das Tier stieß einen Schrei aus und lief an. Auf den Hinterbeinen, wie Colin es schon oft beobachtet hatte, die Vorderbeine an den Leib gepreßt, bis es in der Luft war. Wieder ein lauter Schrei, und diesmal war auch Abby Bullitts Stimme zu hören. Entzücken ... oder panische Angst. Colin wußte es nicht.

Tier und Reiterin kreisten immer höher. Die Schreie wurden leiser, aber das Entsetzen war jetzt unverkennbar. Das Tier flog auf den Fluß und die hohen Klippen auf dem jenseitigen Ufer zu. Dann verschwand es, und Abby Bullitts Schreckensschreie verstummten. Aber der Flug war beobachtet worden, und die ersten Neugierigen strömten zusammen.

Colin nahm nur undeutlich wahr, was Ed neben ihm rief:

»Nur keine Angst! Wir wissen genau, wo sie sind. Unsere Minisender ... die Polizei kann die Minisender anpeilen ...«

Aber Colin hörte nicht richtig zu. Colin starrte seinen provisorischen Monitor an. Eine bestimmte Leuchtkurve, die sich jetzt zeigte, war für dieses Tier ungewöhnlich, aber Colin kannte sie trotzdem. Er hatte sie bei anderen Tieren – zum Beispiel bei Tabs Stolz –

schon oft gesehen und erkannte sie mit wachsendem Entsetzen wieder.

Mrs. Bullitts Tier hockte irgendwo und fraß irgend etwas gierig in sich hinein.

Colin und Ed saßen frierend in der Kabine des Polizeiboots, das sie aus dem Fluß gefischt hatte, hatten Wolldecken umhängen und hielten dampfende Kaffeebecher zwischen den Händen. Ed schüttelte immer wieder den Kopf.

»Es hat uns angegriffen. Hast du gesehen, wie's uns angegriffen hat?«

Colin gab keine Antwort, weil er wußte, daß Ed gar keine erwartete. Er dachte daran, wie sie zu viert in dem Polizeihubschrauber gesessen hatten: der Pilot, der Beamte mit dem Karabiner, Ed und er. Sie hatten ihr Tier aufgespürt und waren den Signalen der eingepflanzten Minisender gefolgt, bis sie auf halber Höhe der Felswand etwas Grüngoldenes aufblitzen sahen.

»Dort drüben!« rief Ed und zeigte darauf. Der Hubschrauber flog näher heran.

Das Tier hockte auf einem schmalen Felsband. Die mächtigen Schwingen waren halb entfaltet, öffneten und schlossen sich, zuckten nervös.

»Glaubt ihr etwa, daß sie noch lebt?« fragte der Mann mit dem Karabiner. »Ausgeschlossen!«

Es flog ihnen entgegen. Es griff mit einer Wut an, die Colin lebhaft an die kleinere Echse erinnerte, aus der es entstanden war.

»Los!« rief der Schütze dem Hubschrauberpiloten zu. »Dreh schon um! Ich brauche freies Schußfeld!«

Aber der Pilot hatte bereits einen Halbkreis beschrieben. Jetzt schwebte der Hubschrauber auf der Stelle, und der Beamte mit dem Karabiner schoß.

Colin hörte einen Knall nach dem anderen und sah den Mann durchladen, aber das fliegende Ungeheuer kam ihnen trotzdem näher.

Jetzt war es heran. Es kreiste um den Hubschrauber. Seine mächtigen Schwingen erzeugten Luftwirbel, die den Hubschrauber schwanken ließen. Die Zähne hinter den zurückgezogenen Lippen waren blutig.

Krallen. Es scheint jetzt Krallen statt der Hufe bekommen zu haben.

Dann stieß es auf sie herab. Es stürzte sich wie ein gewaltiger Raubvogel auf den Hubschrauber, dessen Pilot nicht mehr ausweichen konnte. Und es griff mit einem gellenden Schrei an, den Colin trotz des Motorenlärms deutlich hörte.

Es stürzte sich geradewegs in die Rotorblätter, und der Aufprall war vernichtend.

Sie blieben noch einen Augenblick in der Luft: das geflügelte Tier und die beschädigte Maschine. Dann stürzten sie ab. Sie fielen die zwanzig, dreißig Meter in den Fluß, in dessen eisigem Wasser Tier und Maschine verschwanden.

Der Hubschrauberpilot, der in eine Decke gehüllt neben Colin hockte, rief zu dem Rudergänger des Polizeiboots hinüber: »Seht ihr's schon?«

»Nein«, antwortete jemand von draußen her, und der Schütze, der seinen Karabiner verloren hatte, wickelte sich enger in die Decke und murmelte: »Darauf braucht ihr nicht zu warten. Mit der Ladung Blei, die ich ihm verpaßt habe, schwimmt er garantiert nicht mehr.«

Die Reporter und ganze Horden von Neugierigen erwarteten sie am Kai, als das Polizeiboot anlegte.

Später wurde die Gerichtsverhandlung zur Feststellung von Mrs. Bullitts Todesursache im TriV übertragen, die Öffentlichkeit verlangte eine Erklärung für die Existenz dieses fliegenden Wesens, und Kollegen der beiden jungen Wissenschaftler interessierten sich für Details ihres Verfahrens. Die Anfragen häuften sich so sehr, daß schließlich sogar Ed eines Morgens zu Colin sagte: »Ich weiß, daß ich mir ein bißchen Aufsehen gewünscht habe, weil uns das über die Anlaufschwierigkeiten hinweghelfen würde, aber genug ist genug.«

Colin lächelte nur und zeigte ihm die Rohrpostnachricht, die ihre Sekretärin ihm eben gegeben hatte.

»Der Kommodore bedankt sich, möchte aber doch lieber darauf verzichten, Tabs Stolz als Geschenk entgegenzunehmen.«

»Warum denn?« fragte Ed. »Das ist schließlich nur ein kleiner Ausdruck unserer Dankbarkeit für die Regierungsaufträge, die er uns verschafft hat.«

Colin lachte. »Die Aufträge braucht er nicht mehr zu rechtfertigen – jetzt nicht mehr. Aber er möchte nicht in die Schußlinie irgendeines Komitees geraten, das sich mit teuren Geschenken für Beamte befaßt.«

»Sag ihm, er soll das Pferd nehmen und sich weiter keine Sorgen machen«, antwortete Ed, und Colin konnte nicht beurteilen, ob das sein Ernst war oder nicht. »Falls er deswegen entlassen wird, kann ein aufstrebendes Unternehmen wie unseres immer einen guten Mann brauchen, der sich im Beschaffungswesen auskennt.«

ROBERT SHECKLEY

Das Problem

Letzte Nacht hatte ich einen äußerst merkwürdigen Traum. Ich träumte, daß eine Stimme zu mir sagte: »Entschuldige, daß ich deinen vorigen Traum unterbrochen habe, aber ich habe ein drängendes Problem, bei dem nur du mir helfen kannst.«

Ich träumte, daß ich antwortete: »Bitte sehr, du brauchst dich nicht zu entschuldigen – der Traum war ohnehin nicht sonderlich gut. Wenn ich dir irgendwie behilflich sein kann . . .«

»Nur *du* kannst uns helfen«, erklärte mir die Stimme. »Sonst sind wir — mein ganzes Volk und ich — verloren.«

»Großer Gott!« sagte ich.

Er hieß Froka und gehörte einer uralten Rasse an. Sie lebten seit undenklichen Zeiten in einem breiten Tal zwischen mächtigen Bergen. Sie waren ein friedliebendes Volk und hatten im Laufe der Zeit einige große Künstler hervorgebracht. Ihre Gesetze waren beispielhaft, und sie erzogen ihre Kinder liebevoll und tolerant. Obwohl manche von ihnen dazu neigten, sich häufig zu betrinken, und es bei ihnen gelegentlich einen Mord gab, hielten sie sich für gute und respektable intelligente Lebewesen, die . . .

Ich unterbrach ihn. »Hör zu, willst du nicht endlich zu deinem wichtigen Problem kommen?«

Froka entschuldigte sich für seine Weitschweifigkeit und erklärte mir, in seiner Welt sei es üblich, daß ein Bittsteller zunächst seine moralische Rechtschaffenheit darzulegen habe, bevor er sein Anliegen vortragen dürfe.

»Okay«, sagte ich, »worum geht's also?«

Froka holte tief Luft und begann. Er erzählte mir, daß vor etwa hundert Jahren (nach ihrer Zeitrechnung) eine gigantische rötlich gelbe Säule vom Himmel herabgekommen und in der Nähe der Statue des Unbekannten Gottes vor dem Rathaus ihrer drittgrößten Stadt haltgemacht hatte.

Die Säule war annähernd kreisrund und hatte etwa zwei Kilometer Durchmesser. Sie ragte allen Naturgesetzen zum Trotz in unendliche Höhen hinauf, die jenseits des Meßbereichs ihrer Instrumente lagen. Versuche ergaben, daß die Säule unempfindlich gegen Kälte, Wärme, Bakterien, Protonenbeschuß und alles mögliche andere war. Sie stand genau fünf Monate, neunzehn Stunden und sechs Minuten unbeweglich und unglaublich auf dem gleichen Platz.

Dann setzte sie sich ohne ersichtlichen Grund in nordnordwestlicher Richtung in Bewegung. Ihre mittlere Geschwindigkeit betrug 78,881 km/h. Sie zog eine tiefe Furche von 183,223 km Länge und 2,011 km Breite und verschwand dann.

Auf einer Tagung wissenschaftlicher Autoritäten konnte keine Erklärung für dieses Phänomen gefunden werden. Die Experten entschieden schließlich, es sei unerklärlich, einzigartig und vermutlich nicht wiederholbar.

Aber die Säule erschien knapp einen Monat später erneut — diesmal in der Hauptstadt. Der Zylinder legte scheinbar planlos eine Strecke von 820,331 km zurück. Der Sachschaden war unermeßlich, und die Zahl der Todesopfer ging in die Tausende.

Zwei Monate und einen Tag nach dieser Katastrophe erschien die Säule wieder und richtete Verwüstungen in allen drei Großstädten an.

Unterdessen waren sich alle darüber im klaren, daß nicht nur ihre eigene Existenz, sondern ihre gesamte Zivilisation, ihre Existenz als Rasse durch irgendein unbekanntes und vielleicht unerforschliches Phänomen bedroht war.

Diese Erkenntnis stürzte weite Bevölkerungsschichten in abgrundtiefe Verzweiflung. Die meisten schwankten zwischen Hysterie und Apathie.

Der vierte Überfall galt der Wüste östlich der Hauptstadt. Der angerichtete Schaden war minimal. Trotzdem entstand eine Massenpanik, die zu erschreckend vielen Selbstmorden führte.

Die Lage war verzweifelt. Nun sollten die Pseudowissenschaften Schulter an Schulter mit den Wissenschaften kämpfen. Kein Hilfsangebot wurde zurückgewiesen, keine Theorie wurde abgelehnt, mochte sie von Biochemikern, Handlesekundigen oder Astronomen stammen. Keine noch so absurde Möglichkeit durfte unbeachtet bleiben, seitdem in einer schrecklichen Sommernacht die alte Stadt Raz mit ihren zwei Vorstädten dem Erdboden gleichgemacht worden war.

»Entschuldigung«, warf ich ein. »Tut mir leid, daß ihr solche Probleme gehabt habt, aber ich verstehe nicht recht, was das alles mit mir zu tun hat.«

»Darauf wollte ich eben zu sprechen kommen«, antwortete die Stimme.

»Gut, dann mach weiter«, sagte ich. »Aber ich würde dir raten, dich zu beeilen, weil ich das Gefühl habe, daß ich bald aufwachen werde.«

»Meine eigene Rolle bei dieser Sache ist nicht ganz leicht zu erklären«, fuhr Froka fort. »Von Beruf bin ich Wirtschaftsprüfer. Aber in meiner Freizeit beschäftige ich mich mit verschiedenen Methoden zur Erweiterung unserer Sinneswahrnehmungen. In letzter Zeit habe ich mit einer chemischen Verbindung experimentiert, die wir *Kola* nennen und die einem gelegentlich tiefe Einblicke in sonst verschlossene Welten ...«

»Ja, ich weiß«, unterbrach ich ihn. »Wir haben ähnliche Drogen.«

»Dann verstehst du also, was ich meine! Nun, während einer dieser Reisen ... benützt ihr den gleichen Ausdruck? Unter dem Einfluß dieses Mittels ist mir etwas klar geworden, habe ich eine ungewöhnliche Einsicht gewonnen ... Aber das ist so schwierig zu erklären.«

»Weiter!« forderte ich ihn ungeduldig auf. »Komm doch endlich zur Sache!«

»Nun«, fuhr die Stimme zögernd fort, »mir ist klar geworden, daß meine Welt auf zahlreichen Ebenen existiert – atomar, subatomar, vibrierend und in unendlich vielen anderen Stadien, die wiederum zu anderen Existenzebenen gehören.

»Ja, ich weiß«, stimmte ich aufgeregt zu. »Ich bin erst vor kurzem auf die gleiche Erkenntnis in bezug auf meine Welt gestoßen.«

»Ich habe also gemerkt«, sagte Froka, »daß eine unserer Ebenen gestört wird.«

»Könntest du dich etwas genauer ausdrücken?« bat ich.

»Ich habe das Gefühl, daß meine Welt eine von außen kommende Störung auf der Molekularebene erlebt.«

»Wild!« meinte ich. »Aber ist es dir auch gelungen, diese Störung zu lokalisieren?«

»Ich bilde es mir ein«, erwiderte die Stimme. »Aber ich kann meine Theorie nicht beweisen. Was ich sage, beruht alles auf Intuition.«

»Ich halte selbst viel von Intuition«, beruhigte ich ihn. »Erzähl mir also, was du herausbekommen hast.«

»Nun, ich ...«, begann die Stimme zögernd. »Ich bin zu der Erkenntnis gelangt – rein intuitiv, versteht sich –, daß meine Welt ein mikroskopisch kleiner Parasit von dir ist.«

»Drück dich deutlicher aus!«

»Gut, wie du willst. Ich habe festgestellt, daß meine Welt in einer Beziehung, auf einer Realitätsebene zwischen dem zweiten und dritten Fingerknöchel deiner linken Hand existiert. Sie existiert dort seit Millionen unserer Jahre, die für dich nur Minuten sind. Das kann ich natürlich nicht beweisen, und ich will dir keineswegs Vorwürfe machen ...«

»Schon gut«, wehrte ich ab. »Du behauptest also, deine Welt existiere zwischen dem zweiten und dritten Knöchel meiner linken Hand. Einverstanden. Was kann ich für euch tun?«

»Nun, ich vermute, daß du in letzter Zeit begonnen hast, dich im Gebiet meiner Welt zu kratzen.«

»*Kratzen?*«

»Ganz recht.«

»Und du glaubst, daß der gigantische rötlich gelbe Zylinder, der die Verwüstungen angerichtet hat, einer meiner Finger ist?«

»Richtig.«

»Und du willst, daß ich aufhöre, mich zu kratzen?«

»Nur in unmittelbarer Nähe dieser Stelle«, sagte die Stimme hastig. »Ich belästige dich nicht gern mit dieser Bitte, sondern trage sie wirklich nur vor, um mein Volk vor der völligen Vernichtung zu bewahren. Und ich muß mich nochmals dafür entschuldigen, daß ich ...«

»Spar dir die langen Entschuldigungen«, unterbrach ich ihn. »Intelligente Lebewesen brauchen sich nicht zu schämen, wenn sie einen vernünftigen Wunsch vortragen.«

»Sehr freundlich von dir, daß du das sagst«, erwiderte die Stimme. »Wir sind keine Menschen, weißt du, sondern nur Parasiten und haben kein Recht, etwas von dir zu fordern.«

»Alle intelligenten Lebewesen müssen zusammenhalten«, erklärte ich ihm. »Ich gebe dir mein Wort, daß ich mich mein Leben lang nicht mehr zwischen dem ersten und zweiten Knöchel meiner linken Hand kratzen werde.«

»Zwischen dem zweiten und dritten Knöchel«, verbesserte er mich.

»Ich kratze mich nie mehr zwischen *allen* Knöcheln meiner linken Hand! Das ist ein feierliches Versprechen, das ich halten werde, solange ich lebe und atme.«

»Du hast meine Welt gerettet!« sagte die Stimme. »Dafür ist kein Dank genug. Aber ich danke dir trotzdem.«

»Nichts zu danken«, wehrte ich verlegen ab.

Dann verschwand Froka, und ich wachte auf.

Sobald ich mich an den Traum erinnerte, klebte ich mir einen Streifen Heftpflaster über die Knöchel meiner linken Hand. Ich habe der Versuchung widerstanden, mich zu kratzen, wenn es darunter juckte. Ich trage das Heftpflaster heute schon den ganzen Tag.

Ende nächster Woche nehme ich das Pflaster voraussichtlich wieder ab. Ich schätze, daß sie dann nach ihrer Zeitrechnung zwanzig oder dreißig Milliarden Jahre gelebt haben, was eigentlich jeder Rasse reichen müßte.

Aber das ist nicht mein Problem. Mein Problem besteht daraus, daß ich in letzter Zeit unangenehme Intuitionen über die Erdbeben entlang der San-Andreas-Verwerfung und die neuerliche Vulkantätigkeit in Mexiko habe. Alles kommt irgendwie zusammen, und ich bekomme allmählich Angst.

Äh . . . entschuldige, daß ich deinen vorigen Traum unterbrochen habe, aber ich habe ein drängendes Problem, bei dem nur du mir helfen kannst . . .

Ron Goulart

Unter Schriftstellern

Der kleine Dicke schlug mit der Faust auf den massiven Verandatisch. Dann sah er hoffnungsvoll zu José Silvera hinüber. »So hab' ich's ungefähr gemacht.«

»Im Prinzip«, bestätigte der große, breitschultrige Silvera, »ist Ihre Methode in Ordnung.«

Hugo Kohinoor rieb sich mit der noch immer geballten Faust den Magen. »Aber die Wirkung ist nicht besonders, wenn ich auf den Tisch haue, was, Joe?«

Silvera betrachtete den klaren blauen Nachmittagshimmel. Er rieb sich das Kinn mit dem kühlen Rand seines Bierkruges. »Als ich davon sprach, daß Sie ein Problem haben, meinte ich nicht, *wie* Sie auf den Tisch schlagen, sondern *wann* Sie das tun. Der springende Punkt ist, daß Sie den Fehler nicht in den Reden, die ich für Sie geschrieben habe, suchen dürfen.«

Ein Ober in weißer Jacke kam herangetrabt. »Sie brauchen nicht auf den Tisch zu donnern – ich wäre sowieso gleich gekommen.«

»Wir brauchen Sie nicht«, wehrte Kohinoor ab. »Ich hab' nur geübt.«

Der Ober bückte sich und starrte dem Dicken ins Gesicht. »Ah, Sie sind Hugo Kohinoor, Leiter des Amtes für Kulturelle Überwachung auf unserem gesamten Planeten Murdstone«, sagte er. Dann holte er eine zitronengelbe Brille aus der Brusttasche seiner Jacke und setzte sie auf. »Aus der Nähe wirken Sie gar nicht so unsympathisch fett wie am Vortragspult.«

»Danke«, murmelte der AKÜ-Chef.

»Noch ein Bier«, bestellte Silvera. Rosa Möwen schraubten sich in Spiralen vom Himmel herunter und segelten tief übers ruhige Wasser der Bucht.

»Ich muß Ihnen noch erzählen, Mr. Kohinoor«, fuhr der Ober fort, »daß mich Ihre Rede neulich im Bürgerklub von Melazo Territory zutiefst beeindruckt hat. Normalerweise höre ich kaum hin, wenn kleine dicke Leute reden. Aber Sie haben etwas zu sagen, und Sie sagen es gut.«

»Was war, als ich mit der Faust auf das Vortragspult schlug? Hat das die Aufmerksamkeit der Leute erregt?«

»Ganz gewiß«, antwortete der Ober, »weil Sie nämlich die Wasserkaraffe umstießen.« Er verbeugte sich. »Ich kümmere mich jetzt um Ihre Bestellung. Ein Bier. Ausgezeichnet. Machen Sie nur weiter so, Mr. Kohinoor.«

Kohinoor lächelte zu Silvera hinüber. »Sein Lob scheint tatsächlich ernstgemeint gewesen zu sein.«

»Die Reden sind auch gut«, bestätigte Silvera. »Zahlen Sie mir also den Rest des Honorars.«

»Zuerst dachte ich, fünfzehnhundert Dollar für nur drei Reden gegen die . . . wie nennen Sie sie gleich wieder?«

»Pressezaren. Sie sind mir noch siebenhundertfünfzig Dollar schuldig.«

»Die Pressefreiheit ist ein flammendes Schwert. So heißt's doch an einer Stelle, nicht wahr? Die Pressefreiheit ist ein flammendes Schwert, und ich bin hier, um Ihnen zu sagen, daß die Pressezaren dieses Schwert in einen Rasenmäher verwandelt haben, der den freien Gedankenfluß abschneidet. Ja, das ist gut ausgedrückt.«

Silvera nickte und griff nach dem neuen Bierkrug, den ihm der Ober gebracht hatte. »Als Sie das eben vortrugen, haben Sie bei *hier* und *Rasenmäher* auf den Tisch geschlagen.«

»Wirkt das nicht?«

»Bei *flammendes Schwert* müßten Sie eine Handbewegung machen, als hielten Sie ein Schwert in der Hand«, sagte Silvera. »Nach *freien Gedankenfluß* ballen Sie die Faust und schlagen damit aufs Rednerpult. Das bringt garantiert Applaus.«

»Die Leute haben bisher immer bei *Rasenmäher* geklatscht, und ich hab' mich gefragt, warum«, gab Kohinoor zu. »Wer viel auf Reisen ist, kommt manchmal ein bißchen durcheinander. Melazo Territory ist ein reines Erholungsgebiet ohne eigene Rasenmäherindustrie. Jetzt verstehe ich alles.«

»Am liebsten in bar.«

Kohinoor griff in seine Knickerbocker und holte seine Geldbörse heraus. »Tut mir leid, daß ich Ihre Reden kritisiert habe, Joe. In Wirklichkeit haben Sie prima gearbeitet. Ein Fünfziger und sieben Hunderter – okay?«

»Ja.« Silvera griff nach dem Geld. Er wollte eben seine Brieftasche ziehen, als ein zweistöckiges Holzhaus über sie hinwegflog. Er sprang auf und stürzte auf die Hotelterrasse hinaus. Das schwarze Haus flog in etwa fünfhundert Meter Höhe. Silvera schüttelte den Kopf und kam an den Tisch des Politikers zurück. »Diese Schweinehunde«, sagte er, als er sich wieder hinsetzte.

»Wer? Die Blackhawks?«

»Ja. Kennen Sie die?«

»Ich bin gut mit Professor Burton Prester-Johns befreundet«, antwortete Kohinoor. »Mit McLew Scribbeley, der meines Wissens der eigentliche Besitzer von Blackhawk Manor ist, habe ich schon mehrmals Schwierigkeiten gehabt. Wegen seines Verlags Scribbeley Press. Aber im allgemeinen habe ich viel für die Autoren der Blackhawk Group übrig.«

»McLew Scribbeley ist mir zweitausend Dollar schuldig«, sagte Silvera.

»Ich dachte, es gehörte zu Ihrem Ehrenkodex als freier Autor, Joe, jedes Honorar zu kassieren.«

»Das tue ich normalerweise auch«, bestätigte José Silvera. »Aber diese Blackhawks sind ständig mit ihrem Haus unterwegs.«

»Eine reizende Neuheit, finde ich. Fliegende Eigenheime. Ich möchte mich eines Tages auch in einem zur Ruhe setzen.«

»Bisher habe ich McLew Scribbeley schon in drei verschiedene Territorien von Murdstone verfolgt«, stellte Silvera fest.

»Haben Sie etwas für seine miese Scribbeley Press geschrieben?«

»Ja, drei Bekenntnisse«, sage Silvera. »Von mir sind *Bekenntnisse eines Robusten, Mein widerliches Sexleben und Lebensbeichte eines Schürzenjägers.*«

Kohinoor kniff seine kleinen blauen Augen zusammen. »Soll das heißen, daß Sie *Ein Mann in hoher Position, Dr. X* und *Anonym sind? In den AKÜ-Akten sind diese drei als einzelne Autoren eingetragen.*«

»Oh, ich kann ganz verschieden schreiben.«

»Wissen Sie, *Mein widerliches Sexleben* war richtig ... nun, eben widerlich.«

»Hören Sie«, fuhr Silvera fort, »wissen Sie zufällig, wo er diesmal mit seinem verdammten Haus landen will?«

»Ja, auf dem Post Road Hill«, antwortete Kohinoor. »Ich bin heute abend dort zum Essen eingeladen.«

Silvera runzelte die Stirn. »Gut, ich komme mit«, entschied er.

Zweihundert Fahrräder kamen ratternd und klappernd über den Hügel; jedes wurde von einem johlenden Jugendlichen gelenkt. Silvera packte den stämmigen Kohinoor am Pelzkragen seiner Smokingjacke und drückte ihn neben sich an die Flanke ihres eben gelandeten Kreuzers. Trotzdem bekam der AKÜ-Chef noch eine Lenkstange gegen den Ellbogen.

»Lang lebe Prester-Johns!« riefen die jugendlichen Radler, als sie am Blackhawk Manor vorbei den Hügel hinunterfuhren.

»Die Jugend von Murdstone leidet in letzter Zeit an Zyklomanie«, stellte Kohinoor fest.

»Ja, ich habe gestern eine Fernsehansprache Ihres Freundes Prester-Johns zu diesem Thema gehört«, sagte Silvera.

»Der alte P-J hat ein besonders gutes Verhältnis zur Jugend, obwohl er schon fast sechzig ist«, erklärte Kohinoor fest. »Er ist natürlich über einsneunzig. Es ist leichter, Charisma auszustrahlen, wenn man groß ist.«

Nachdem der letzte Radfahrer sie passiert hatte, überquerten Silvera und Kohinoor die breite Landstraße und erreichten das schmiedeeiserne Tor, hinter dem ein Weg durch den Park zum jetzigen Standort von Blackhawk Mansion führte. Ein schlanker Mann im grauen Kittel eines Eisenwarenhändlers sah über die Hecke. »Benützen Sie das Tor bitte noch nicht, Gentlemen«, forderte er sie auf.

»Warum nicht?«

»Es ist noch nicht festgeschraubt«, erklärte ihnen der Mann. »Ich hab's eben erst ausgepackt. Die Verzögerung ist zum Teil dadurch entstanden, daß der Karton mit den rasiermesserscharfen Eisenspitzen nicht mehr aufzufinden war. Und noch schlimmer ist, daß die dämlichen Spediteure die Glassplitter, die für die Mauer hinter dem Haus bestimmt waren, weggeworfen haben. Sie haben den Karton geöffnet und einfach alles weggeschmissen. Hier drüben bei mir können Sie rein.«

»Danke«, sagte der dicke Kohinoor.

Silvera half ihm über die Hecke.

»Gentlemen!« rief ihnen der Graukittel nach, als sie in Richtung Haus weitergingen. »Sie sind die letzten Gäste, die heute abend erwartet werden. Sie können im Haus sagen, daß sie die Wachhunde in einer Viertelstunde einschalten sollen. Bis dahin bin ich fertig.«

»Scribbeley und P-J haben ein Dutzend Robothunde«, erklärte der AKÜ-Chef Silvera.

»Ja, die kenne ich«, bestätigte José.

»Ist Ihnen aufgefallen, daß einige der radfahrenden Mädchen nicht viel anhatten, Joe?«

»Einige von ihnen waren nackt.«

»Sollte ich dafür oder dagegen sein?« murmelte Kohinoor unsicher. »Die jungen Leute veranstalten ihr alljährliches Cycle-in diese Woche knapp drei Meilen von hier. Vielleicht sollte ich ein Positionspapier veröffentlichen. Sie könnten mir eines schreiben. Verstehen Sie etwas von nacktem Radfahren?«

»Ich hab's schon selbst versucht.« Sie stiegen die Steintreppe zum Eingang hinauf.

»Oh, wirklich? Wer freiberuflich arbeitet, hat eben mehr Zeit für alles Mögliche.« Kohinoor betätigte den goldenen Türklopfer, der einen Habichtkopf darstellte.

Der Butler war bleich und trug eine graue Livree. »Guten Abend, Mr. Kohinoor.« Er sah zu Silvera hinüber. »Um Gottes willen!« Er wich zurück, machte kehrt und lief durch die Diele ins Haus.

»Den kenne ich auch.« Silvera trat über die Schwelle.

In dem großen holzgetäfelten Raum am anderen Ende der Diele hielten sich mehrere Leute auf. Der Butler war nicht dorthin gelaufen, sondern die Treppe zum ersten Stock hinaufgehastet. Das Klavier in dem holzgetäfelten Raum verstummte, und ein muskulöser Mann in einem Tweedanzug kam in die Diele. Er hatte ein energisches Kinn, Pferdezähne und krauses blondes Haar. »Hallo, Kohinoor, alter Knabe! Haben Sie Dwiggins Angst gemacht?«

»Nein, Henry.« Er wies mit dem Daumen auf Silvera. »Das ist mein Freund José Silvera. Sein Anblick hat den armen Dwiggins erschreckt.«

»Silvera, Silvera«, murmelte der Mann in Tweed. »Sie schreiben, nicht wahr?«

»Richtig, Dobbs.«

Henry Verner Dobbs nickte. »Ah, Sie kennen mich, was? Oder wahrscheinlich meine Arbeit. Ich bin Henry Verner Dobbs, der Schriftsteller. Meine Spezialität sind luxuriöse Kriegsbücher. Wahrscheinlich haben Sie mein Foto auf dem Umschlag meines letzten Bestsellers gesehen: *Handbuch der Handgranaten.* Ein richtiger Wälzer – elf Pfund schwer. Wir, mein Verleger und ich, haben's auf Tarragon von Zombies drucken lassen. Die kleinen Kerle produzieren erstklassige Farbtafeln – und billig dazu!«

Silvera ließ Dobbs stehen und betrat den großen Wohnraum. Scribbeley, der Verleger, der ihm zweitausend Dollar schuldig war,

war nirgends zu sehen. Am Klavier saß eine hübsche 26jährige, eine schlanke Brünette mit dunklem Teint und leicht fieberhaft geröteten Wangen.

»Oh, da ist ja José Silvera!« rief die Brünette jetzt aus. Ihre Stimme klang rauchig. »Ich gehöre zu Ihren Bewunderinnen, seitdem ich Klosterschülerin war.«

»Haben Sie sein Zeug etwa gelesen?« erkundigte sich der hagere weißhaarige Mann, der neben dem Klavier stand.

»Nein, ich habe seine Bücher nie gelesen«, gab die Brünette zu. »Ich lese grundsätzlich nur eigene Werke. Aber ich habe ein Foto von Mr. Silvera auf einem Buchumschlag gesehen und das Buch stibitzt. Dann habe ich das Foto ausgeschnitten und in mein Brevier geklebt. Viele Autoren sehen so mittelmäßig aus. Aber Mr. Silvera ist groß und hübsch. Ich bin Willa de Aragon, Mr. Silvera.« Sie stand auf, kam zu ihm und gab ihm lächelnd die Hand. Ihre Finger waren sehr warm.

»Haben Sie Fieber?« fragte Silvera.

»Nein, ich bin von Natur aus sehr intensiv empfindend und das scheint meinen Körper aufzuheizen«, antwortete sie. »Was führt Sie nach Blackhawk Manor, Mr. Silvera. Sie stehen eigentlich nicht auf meiner Einladungsliste.«

»Sind Sie nicht der Kerl, der ...«, begann der hagere alte Mann.

Kohinoor kam herbeigeeilt. »Das ist José Silvera, P-J. Joe, das hier ist Burton Prester-Johns, einer unserer führenden Philosophen.«

»Sind Sie nicht der Kerl, der Dwiggins durchs Treibhaus nach draußen geworfen hat?«

»Ins Treibhaus«, verbesserte Silvera ihn.

»Die Richtung spielt keine Rolle. Jedenfalls sind dabei eine Menge Scheiben zu Bruch gegangen. Wir mußten das Treibhaus sogar zurücklassen. Es fliegt erst nach einer Generalüberholung wieder. Ja, Sie sind der Kerl.«

»Joe, ist ein sehr begabter und liebenswürdiger Mann.« Kohinoor schlug mit der Faust aufs Klavier. »Ich habe ihn heute abend mitgebracht, P-J, damit er und McLew Scribbeley ihre Meinungsverschiedenheiten endgültig bereinigen können.«

»Ein Kerl, der Butler in Treibhäuser wirft«, sagte Prester-Johns. »Nicht gerade vertrauenswürdig. Ja, es ist kein Wunder, daß unsere jungen Leute mehr ihren Fahrrädern als ihren Eltern vertrauen.« Er rieb mit dem rechten Zeigefinger in seiner linken Handfläche. »Wie ich erst neulich gesagt habe, ist . . .«

»Soll ich ihn rausschmeißen?« fragte Dobbs, der inzwischen wieder herangekommen war.

»Nun, er ist jedenfalls kein Kerl, mit dem man sich freiwillig abgibt.«

Kohinoor schlug erneut aufs Klavier. »Sie dürfen nicht so mißtrauisch sein, P-J. Daß der Terrorist noch immer nicht gefaßt ist, bedeutet noch lange nicht, daß Sie übervorsichtig sein müssen.«

Prester-Johns atmete so tief ein, als wollte er platzen. Er berührte seine runzlige Wange mit einer schmalen Hand.

»Uff!« sagte Dobbs.

Willa flüsterte Silvera zu: »Hier im Haus gilt die Regel, daß niemand über den Terroristen sprechen darf.«

»Warum nicht?«

»Der Terrorist ist ein Ungeheuer in Menschengestalt, Mr. Silvera«, antwortete die warme junge Frau. »Er treibt seit etwa einem Jahr sein Unwesen und hat schon fast zwanzig Menschen auf dem Gewissen – davon einige in der Nähe von Blackhawk Manor. Wenn Sie wissen, wie beweglich dieses Haus ist, können Sie sich selbst ausrechnen, wie weit die Tatorte voneinander entfernt gewesen sein müssen.«

Auf der Schwelle des Wohnraums erschien ein fetter Mann in einem weißen Anzug. Er hatte einen borstigen roten Schnurrbart und war völlig kahl. »Schmeißt den Itaker raus«, sagte er und zeigte auf Silvera. »Hallo, Itaker.« Er kicherte. »Ein Scherz, Joe.« Er kam näher. »Das mit dem Rausschmiß ist allerdings mein Ernst. Dwiggins ist schon unterwegs, um ein paar stämmige Sklaven zu holen. Nur ein Scherz, Joe. Ich hab' wirklich nichts gegen ihre Hautfarbe.« Er streckte plötzlich die Hand aus und kniff die Brünette ins Hinterteil. »Hallo, du scharfes kleines Biest. Nur ein Scherz, Willa.«

Silvera sah, daß Scribbeleys Anzug die jetzt wieder modernen Revers hatte, packte sie und hob den Verleger daran hoch. »Her mit den zweitausend Dollar!«

»Joe, was habe ich Ihrer Agentin, der süßen kleinen Jenny Jennings, gesagt?«

»Nichts. Sie haben Sie in den Knöchel gezwickt, das war alles.«

»Eigentlich wollte ich sie in den Hintern kneifen«, fuhr der dicke Verleger fort. »Hören Sie, Joe, ich habe einfach den Drang, Mädchen zu zwicken. Aber ich schwöre Ihnen, daß das mein einziger Fehler ist. Ich hab's Ihrer Agentin bereits gesagt, und ich wiederhole es Ihnen gegenüber, daß ich keinen Cent von meinem Grossisten bekommen habe. Nehmen wir zum Beispiel das eine Buch, das Sie geschrieben haben. *Mein widerliches Sexleben*. Wir haben einen Haufen Beschwerdebriefe von Leuten bekommen, denen es nicht widerlich genug war. Solche Pannen können bewirken, daß die Leute das Vertrauen zur Scribbeley Press verlieren.«

»Zweitausend Dollar«, wiederholte Silvera und stellte den Verleger wieder auf die Beine.

»Ich könnte Ihnen sechsundachtzigtausend ungebundene Exemplare von *Lebensbeichte eines Schürzenjägers* überlassen, Joe. Die brauchen Sie nur sexy binden zu lassen — dann können Sie im Versandhandel ein Vermögen verdienen.«

»Bar auf die Hand«, verlangte Silvera. Dann traf etwas seinen Hinterkopf, und er sackte zusammen.

Silvera wachte im Flug auf. Er plumpste zwischen frisch gerodetes Unterholz einige hundert Meter von Blackhawk Manor entfernt. Als er langsam die Augen öffnete, sah er gerade noch, wie Scribbeleys drei Schergen kehrtmachten und zum Haus zurückstapften.

Er machte seine linke Hand von einer Dornenranke frei, schob sie nach oben und löste vorsichtig den Kopf aus dem Gestrüpp. Als er sich aufrichtete, kam ein schwarzer Hund heran und biß ihn ins Bein. Die Hundezähne waren aus rostfreiem Stahl und bedauerlich scharf. Silvera holte einen Schraubenzieher aus der Innentasche seiner Jacke, erinnerte sich an einen Schaltplan, den er nachmittags in der Staatsbibliothek von Melazo Territory studiert hatte, und legte den mechanischen Hund still.

Er schob den Robothund unter das Gebüsch, das abgeholzt worden war, um einen Landeplatz für Blackhawk Mansion zu schaffen, sah sich um und schlich durch ein Tannenwäldchen zum Haus zurück, wobei er sein verletztes Bein schonte. Silvera erreichte die Rückseite des Hauses und konnte dort durch ein Fenster in die Küche sehen, wo ein Robotkoch Pastetchen füllte. Silvera streckte die Hand nach der ins Freie führenden Küchentür aus.

Drei weitere mechanische Hunde bogen um die Hausecke. Sie kläfften nicht, sondern stießen statt dessen einen schrillen Sirenenton aus. Der vorderste Hund hatte gelb leuchtende Augen.

Silvera flüchtete. Sie jagten ihn zweimal um eine Blumenuhr und einmal durch den noch leeren Fischteich.

»Hierher, Mr. Silvera!« rief eine melodische Stimme ihm von einer Tür im Erdgeschoß aus zu.

Er gehorchte bereitwillig und schlüpfte in den kleinen Lagerraum. Willa de Aragon knallte die massive Tür vor der Vinylnase des Hundes mit den gelben Augen zu. »Danke«, sagte Silvera erleichtert.

Die schlanke junge Frau, die noch immer soviel Wärme ausstrahlte, beleuchtete sein Bein mit ihrer Taschenlampe. »Sie sind verletzt, Mr. Silvera. Sie haben Glück, daß noch niemand Zeit gehabt hat, die Reißzähne der Hunde mit Tollwut oder Gift zu präparieren.«

»Wollten Sie draußen nach mir suchen?«

»Ich habe mir Sorgen um Sie gemacht«, antwortete die junge Frau, »und dachte, ich könnte Ihnen vielleicht helfen. Ihr Freund Mr. Kohinoor hat davon gesprochen, er wolle Sie zurückbringen, aber er ist selbst nicht wieder aufgetaucht.« Sie berührte seine Wange mit einer warmen Hand. »Wenn ich in Blackhawk Manor zu Gast bin, lasse ich mir immer ein Zimmer mit einem Geheimgang zuweisen.« Sie ging durch den Raum voraus und deutete auf eine unsichtbar in die Rückwand eingelassene Schiebetür, die jetzt offen war. »Über die Wendeltreppe erreichen Sie mein Zimmer. Ich habe ein Zimmer mit Bad, so daß ich Ihre Wunden versorgen kann.«

»Okay«, antwortete Silvera. Die junge Frau lächelte und ging voraus. Er folgte ihr und fragte: »Wundern die anderen sich nicht, wenn Sie einfach verschwinden?«

»Vielleicht erscheine ich später zum Abendessen«, erwiderte die warme Brünette.

Ihr Schlafzimmer war riesig und hatte Rosentapeten an den Wänden und eine Schäferszene als Deckengemälde. Die Einrichtung bestand aus dicken Teppichen, dicken Wandbehängen, dicken Vorhängen und einem riesigen handgeschnitzten Bett. Auf dem Marmortisch neben dem Bett stand ein sechsarmiger Leuchter.

Als Silvera ins Zimmer trat, hörte er draußen ein seltsames Klappern. Er zog den schweren Samtvorhang einen Spalt breit auf und sah hinaus. Ein großer junger Mann schob ein Fahrrad in das Tannenwäldchen. Einen Augenblick später kam er ohne das Rad zurück, ging an der Blumenuhr vorbei und verschwand um die nächste Hausecke. Die Hunde ließen ihn in Ruhe.

»Würden Sie bitte die Hose ausziehen?« fragte Willa. »Bevor ich

Schriftstellerin wurde, arbeitete ich als Krankenschwester in einem Spielbank-Satelliten über Tarragon. Sie werden merken, daß ich ihre Verletzungen fachmännisch versorgen kann, Mr. Silvera.«

Er trat vom Fenster zurück und folgte der hübschen Brünette in das blaugeflieste Bad. Während er sich Stiefel und Hose auszog, fragte er: »Was schreiben Sie, Willa?«

Sie schob ihm einen Hocker hin. »Am besten setzen Sie sich darauf«, schlug sie vor. »Nun, Mr. Silvera, es gibt eine Romanform, die im Augenblick hier auf Murdstone sehr beliebt ist. Sogenannte Lady-Thriller, obwohl ich nicht weiß, woher diese Bezeichnung stammt. Die Hauptpersonen sind sensible junge Mädchen, die sich in muffigen alten Häusern an unheimlichen Orten gegen die Nachstellungen schlimmer Männer zur Wehr setzen müssen.«

»Ja, von der Sorte habe ich auch ein Dutzend geschrieben, als die gleiche Masche vor zehn Jahren auf Barnum modern war«, stimmte Silvera zu. Er setzte sich hin. Der Hundebiß sah nicht weiter gefährlich aus.

»Unter Ihrem eigenen Namen?« Sie reinigte die Wunde.

»Nein, ich war . . .« Silvera mußte überlegen. »Ich war Anna Mary Windmiller.«

Willa hörte einen Augenblick auf, sein Bein zu verbinden. »Ach, du meine Güte, Mr. Silvera! Soll das heißen, daß Sie Anna Mary Windmiller sind?«

»Ich war's zumindest ein dutzendmal«, gab er zu. »Der Verlag hat fünfzehnhundert Dollar pro Buch gezahlt.«

»Sie haben mich inspiriert, Ihre Bücher waren eine Inspiration für mich!« sagte die Brünette. »Ich habe noch immer ein paar zerlesene Exemplare in meinem Koffer. Mein Lieblingsbuch ist *Das verfallene Schloß auf dem Galgenberg*. Die Fortsetzung *Rückkehr ins verfallene Schloß auf dem Galgenberg* finde ich fast ebenso gut. Besonders die Einleitung des ersteren Buchs ist meiner Meinung nach unübertrefflich gelungen. ›Ich muß gestehen, daß ein kalter Schauer durch meinen jungen, erst kürzlich von schwerer Krankheit genesenen und aus dem Mädchenpensionat entlassenen Körper lief, als ich die Tür des verfallenden Gebäudes aufstieß und über die Leiche des hiesigen Pastors stolperte.‹ Ein brillanter Beginn. Ich wollte, meine eigenen Lady-Thriller wären halb so gut!« Sie war mit dem Verband fertig und richtete sich auf. »Haben Sie's furchtbar eilig, nach unten zu kommen und Ihr Geld zu kassieren?«

»Nicht gerade furchtbar. Aber irgendwann hole ich mir die zweitausend Dollar von Scribbeley. Warum?«

»Wenn du schon die Hosen ausgezogen hast, wär's doch eigentlich eine Schande, nicht miteinander ins Bett zu gehen, nicht wahr?«

Silvera stand auf. »Für eine Schriftstellerin, die Frauenromane schreibt, bist du ziemlich aggressiv.«

»Ja«, gab Willa zu, »und ich fürchte, daß sich das manchmal in meinen Büchern zeigt.«

Silvera grinste, nahm Willa in die Arme und trug sie ins Schlafzimmer hinüber.

Er verließ Willa erst am nächsten Morgen. Als er die Treppe hinuntergehen wollte, wurde er von einem uniformierten Polizeibeamten aufgehalten.

Der Uniformierte, der plötzlich aus einer Nische aufgetaucht war, forderte Silvera auf: »Am besten gesellen Sie sich gleich zu den Verdächtigen, Sir. Wissen Sie zufällig, wo Miß de Aragon sich im Augenblick aufhält?«

»Sie zieht sich die Schuhe an«, antwortete Silvera. »Warum Verdächtige?«

»Wegen des Mordes, Sir«, sagte der Mann in der meergrünen Uniform. »Der Inspektor wartet im Wohnzimmer. Versuchen Sie bitte nicht, zu fliehen – draußen streifen scharfe Hunde durch den Park.«

»Ja, die kenne ich.«

»Nicht diese Robotköter. Wir haben unsere eigenen Hunde dabei.«

Silvera zuckte mit den Schultern und stieg die Treppe hinunter. Als er den Wohnraum betrat, empfing McLew Scribbeley ihn mit: »Hallo, Killer.«

Silvera blieb schweigend neben der Marmorstatue eines Rehs stehen.

»Wer hastige Schlüsse zieht, muß oft Rückzieher machen«, warf ein rundköpfiger Mann in einem Glencheckmantel ein.

»Nur ein Scherz«, behauptete Scribbeley.

»Ich bin Inspektor Ludd«, sagte der Rundschädel. »Ich wüßte gern, wer Sie sind?«

»Er ist der Kerl, der den Ermordeten mitgebracht hat«, erklärte Prester-Johns, der an diesem Morgen einen lila Schlafrock trug, dem Inspektor.

»Ich bin José Silvera. Kohinoor ist ermordet worden?«

»Der Tod ist wie ein lockerer Dachziegel«, sagte der Inspektor, »der irgend jemand trifft, der unten vorbeigeht. Ja, Hugo Kohinoor ist tot — anscheinend ein Opfer des unheimlichen Terroristen.« Ludd trat auf Silvera zu. »Das Gedächtnis ist manchmal wie ein Müllwagen, in den irgendein wertvoller Gegenstand aus Versehen gerät und dann zwischen Kaffeesatz und Melonenschalen verlorengeht. Entschuldigen Sie, daß ich Sie nicht früher erkannt habe, Silvera.«

»Da wir uns nie persönlich kennengelernt haben, ist das ganz in Ordnung.«

»Sie sind doch der gleiche José Silvera, der so hervorragende Artikel für *Interplanetare wahre Kriminalstories* geschrieben hat?«

»Richtig, ich habe für dieses Magazin eine Serie über Massenmörder geschrieben.«

»Bescheidenheit nützt einem hier nicht mehr als ein Büschel Bananen in der Löwengrube«, stellte Inspektor Ludd fest. »Ich wäre Ihnen dankbar, wenn Sie mich bei meinen Ermittlungen unterstützen würden, Silvera.«

Dobbs kam ins Wohnzimmer. Er knabberte an einer großen Waffel. »Wahrscheinlich ist er der Mörder«, behauptete der Kriegsbuchautor. »Ich möchte bezweifeln, daß er Ihnen viel helfen kann.«

»Begleiten Sie mich bitte zum Tatort, Silvera«, schlug der Inspektor vor. »Diese Vernehmung hat Zeit bis später.«

»Ich soll heute mittag in einer Buchhandlung eigene Werke signieren«, warf Dobbs ein. »Wir wollen hundert Stück der Restauflage meines Bildbandes *Geschichte der Giftgase* losschlagen.«

»Der Mord kommt oft spät, nimmt dann aber den besten Platz im Haus ein«, erklärte Inspektor Ludd ihm mit einem halbrunden Lächeln.

»Was soll das heißen?«

»Das heißt, Mr. Dobbs, daß niemand Blackhawk Manor verlassen darf, bis diese Ermittlungen abgeschlossen sind«, antwortete Ludd. Er wandte sich an Scribbeley. »Und es heißt auch, daß der Tatort hierbleiben muß. Kommen Sie also bitte nicht auf die Idee, mit Ihrem Haus wegzufliegen.«

»Wir haben diesen Standort für vier Wochen gemietet«, sagte Prester-Johns. »Ich werde bei dem Cycle-in Vorträge halten und am Wochenende eine kleine Tour mit den jungen Leuten machen.«

»Vielleicht«, murmelte der Inspektor. Er führte Silvera ins Freie.

Inspektor Ludd stand neben Silvera am Waldrand. »Sie sehen also, warum unser Mörder als der ›unheimliche Terrorist‹ bekannt ist, Silvera. Das Bajonett als Tatwaffe ist ungewöhnlich, und er hat sein Opfer zudem erdrosselt. Sie waren die ganze Nacht hier, Silvera?«

»Ja. Wann ist Kohinoor ermordet worden?«

»Vermutlich zwischen drei Uhr morgens und Tagesanbruch«, antwortete Ludd. »Ist Ihnen irgend etwas aufgefallen?«

»Um diese Zeit habe ich geschlafen.« Silvera kniete neben dem toten Kohinoor nieder. »Er hat ein kleines Stück Papier zwischen Daumen und Zeigefinger.«

»Richtig – eine Ecke eines Hundertdollarscheins. Wir hoffen, daß es uns gelingen wird, den Rest zu finden.«

»Was haben die anderen ausgesagt?« Silvera stand wieder auf.

»Kohinoor ist zum Abendessen geblieben, obwohl er verärgert war, weil Sie grob behandelt worden waren«, sagte der rundschädelige Inspektor. »Die meisten Hausbewohner haben sich gegen Mitternacht zurückgezogen. Keiner gibt zu, noch hier draußen gewesen zu sein. Kohinoor sollte nicht hier übernachten. Einer der Arbeiter, die das neue Treibhaus aufstellen, hat ihn heute morgen vor dem Frühstück hier entdeckt. Sie haben die Nacht bei Miß de Aragon verbracht?«

»Ja.«

»Das habe ich mir gleich gedacht, als ich hörte, daß sie gestern abend beim Essen gefehlt hat – und weil ich Ihren Ruf kenne«, behauptete der Inspektor. »Dazu kommt noch die Tatsache, daß Sie hier sind, obwohl Sie eigentlich schon gestern hinausgeworfen worden sind. Ich glaube jedoch nicht, daß Sie Kohinoor wegen einer Honorarforderung umgebracht hätten.«

»Nein, sowas tue ich nicht«, bestätigte Silvera. »Ich bekomme mein Geld oder ich verzichte darauf. Aber ich bekomme es meistens.«

»Ah, das freiberufliche Leben«, meinte Ludd seufzend. »Ich habe mich für die materielle Sicherheit einer Beamtenlaufbahn entschieden, anstatt es damit zu versuchen. Sie werden gemerkt haben, daß ich meine Ausführungen oft mit Aphorismen würze.«

»Ja, das ist mir aufgefallen.«

»Ein letztes Überbleibsel meiner schriftstellerischen Ambitionen«, stellte Inspektor Ludd fest. »Wissen Sie übrigens, daß der unheimliche Terrorist vor zwei Monaten in Esfola Territory gesehen worden ist. Die dortigen Kollegen haben sogar eine Zeichnung nach Zeugenaussagen anfertigen lassen.«

»Nein, davon war in den Nachrichten nie die Rede.«

»Noch nicht«, stimmte der Inspektor zu. »Eigentlich ist die Sache enttäuschend, wissen Sie. Blackhawk Manor hat sich in der Nähe fast aller Tatorte befunden, aber weder ich noch andere können bisher einem der Hausbewohner eine Beteiligung an diesen Morden nachweisen.«

»Fingerabdrücke? Schuhabdrücke?«

»Fingerabdrücke fehlen jedesmal, und der einzige Schuhabdruck, den wir bisher entdeckt haben, ist der hier. Wir haben einen Abguß davon gemacht.«

»Stammt er von jemand im Haus?«

»Der Abdruck läßt auf einen ungewöhnlich großen alten Militärstiefel schließen«, sagte Ludd. »Wir haben noch keinen gefunden, aber meine Leute suchen weiter. Ich habe die Personenbeschreibung durchgelesen und die nach Augenzeugenberichten angefertigte Zeichnung gesehen, aber das Ungeheuer hat keinerlei Ähnlichkeit mit einem Bewohner dieses Hauses.«

»Vielleicht hat er sich verkleidet.«

»Nein«, sagte der Inspektor. »Sehen Sie sich diesen Schuhabdruck an. »Der Täter ist riesengroß und ein brutal aussehender zottiger Kerl.« Er seufzte wieder. »Wir haben alle uns bekannten großen, brutal aussehenden, zottigen Kerle überprüft, ohne einen Verdächtigen zu finden. Deshalb glaube ich, daß . . .«

»Was?«

»Sie erinnern sich bestimmt an den berühmten Fall Nolan/Anmar vor etwa dreißig Jahren?«

»Natürlich. Nolan konnte sich mit Hilfe einer von ihm erfundenen Pille zeitweise in Anmar verwandeln.«

»Ganz recht«, stimmte Ludd zu. »Ich habe das Gefühl, daß in diesem Fall etwas Ähnliches vorliegt. Aber dieser Eindruck ist vorerst nicht zu beweisen.«

Silvera kratzte sich den Nacken. »Der junge Mann auf dem Fahrrad«, murmelte er.

»Ja, wir haben Reifenspuren im Wald entdeckt. Aber weder das Fahrrad noch den dazugehörigen Radfahrer. Keiner der Hausbewohner gibt zu, Besuch von einem Radler bekommen zu haben. Was wissen Sie darüber?«

»Der junge Mann hat sich seltsam benommen«, sagte Silvera. »Er ist gestern abend gegen neun Uhr hier erschienen, hat sein Fahrrad in den Wald geschoben und ist durch den Hintereingang ins Haus gekommen. Und er war einer der Jugendlichen, die auf dem Weg zum Cycle-in hier vorbeigefahren sind.«

»Sie würden ihn wiedererkennen?«

»Klar.«

»Gut, dann sehen wir uns beim Cycle-in um«, entschied der Inspektor. »Manchmal genügt schon ein Faden, um einen ganzen Pullover aufzutrennen.« Er lächelte zu Silvera hinüber. »Ein Beispiel für meinen von Aphorismen geprägten Stil.«

Silvera lächelte kurz.

José Silvera bewegte sich zwischen Hunderten von geparkten Fahrrädern und an Gruppen vorbei, die Radlieder sangen oder sich gegenseitig auszogen oder Fahrräder zerlegten und wieder zusammenbauten. Das alles fand auf einer weiten grünen Ebene zwischen Straße, Fluß und Hügeln statt.

»Für einen Radler siehst du verdammt alt aus«, sagte ein nur halb bekleidetes Mädchen, das an einem Einrad lehnte.

»Das habe ich ursprünglich auch gedacht«, antwortete Silvera, »bis ich Burton Prester-Johns hörte und seinem Zauber verfiel.«

»Dieser alte Trottel!« Das sommersprossige Mädchen rieb sich den Bauch. »Er ist widerlich. Wenn ich jemand über dreißig auf einem Fahrrad sehe, wird mir richtig schlecht.«

»Interessante Symptome«, meinte Silvera. Er sah sich um und erkannte Inspektor Ludd, der sich vom entgegengesetzten Rand des Lagers aus zu ihm vorarbeitete. »Ich suche nach einem Jungen, der ein marsianisches Zehngangrad Marke Wollter fährt. Er ist schlank und hat aschblondes Haar und einen kleinen Schnurrbart.«

»Bist du ein Polyp? Wenn ich Kriminaler sehe, bekomme ich Magenkrämpfe.«

»Ich bin freiberuflicher Journalist und recherchiere, weil ich einen Artikel über die Radfahrerkultur schreiben will.«

»Widerlich!« behauptete die Sommersprossige. »Alte Kerle Mitte dreißig, die die Jugend zu begreifen versuchen. Wenn ich das sehe, läuft mir ein eisiger Schauer über den Rücken.«

»Vielleicht gehörst du nach Hause ins Bett«, schlug Silvera vor.

»Ihr alten Knaben könnt anscheinend an gar nichts anderes denken, was?«

Silvera ging weiter. Dann sah er den Aschblonden im Schatten eines Erfrischungsstandes. Er gab dem Inspektor ein Zeichen und nickte zu dem jungen Mann hinüber. Sie machten sich auf den Weg durch die Menge.

Der Junge schien einen sechsten Sinn zu besitzen. Er spürte Silveras Nähe, als dieser noch fünfzig Meter von ihm entfernt war. Offenbar erkannte er den Inspektor, denn er machte auf dem linken Absatz kehrt und rannte weg.

Silvera setzte sich ebenfalls in Bewegung und bahnte sich mühsam einen Weg durch die Menge. Ein dicklicher Albino, dem er auf den Fuß getreten war, schüttete ihm einen Becher Bowle ins Gesicht. Silvera rannte weiter und wischte sich Erdbeeren von der Jakke. Als er um den Erfrischungsstand bog, sah er den Jungen auf seinem schwarzen Zehngangrad in Richtung Straße davonstrampeln.

Silvera schwang sich in den Sattel eines in seiner Nähe geparkten Dreigangrenners. Aber er war kaum angefahren, als bereits ein Mädchen rief: »Ein alter Raddieb!«

Drei Sänger sprangen auf und schwangen Lauten und Mandolinen.

Silvera trat die Pedale. Vier weitere Jungen schnitten ihm den Weg ab. Sie stürzten sich auf Silvera und das geliehene Fahrrad.

Silvera segelte drei Meter weit durch die Luft und plumpste ins Gras. Bevor einer der vier Jungen sich auf ihn werfen konnte, rollte er sich zur Seite und geriet dabei in ein Picknick für drei Personen. Silvera kam wieder auf die Beine und rannte im Zickzack hinter dem Flüchtenden her.

Dann wurde er wieder aufgehalten. Diesmal von drei stämmigen Mädchen in blauen Lederjacken. »Böser alter Mann«, sagte eines der Mädchen und schlug ihm eine Luftpumpe über den Kopf.

»Ich bin erst dreiunddreißig«, erklärte Silvera ihr und wich dem zweiten Schlag aus.

»Na, das ist doch alt genug!«

»Halt! Die Hand, die das Schwert gegen andere führt, bewirkt oft mehr als beabsichtigt.«

»Wie war das?« fragte das Mädchen, das auf Silveras Bauch herumtrampelte.

Inspektor Ludd antwortete schweratmend: »Damit wollte ich sagen, daß jeder, der sich die Richterperücke aufsetzen will, zuvor genau wissen muß, daß sein Kopf die erforderliche Größe hat.«

»Lassen Sie die Aphorismen«, forderte Silvera ihn auf. »Sagen Sie ihnen lieber, daß Sie Kriminalbeamter sind.«

Die drei stämmigen Mädchen ließen von Silvera ab. »Bist du ein Kriminaler, Opa?«

»Ja, Inspektor Ludd von der Municipal Police«, bestätigte er. »Ich wollte euch nur vorschlagen, die Verfolgung Straffälliger mir zu überlassen.«

Als die Mädchen sich zurückzogen, stand Silvera auf. »Das war der Junge, den ich letzte Nacht gesehen habe. Aber er ist uns entwischt, glaube ich.«

»Ich weiß, wer er ist«, sagte Inspektor Ludd. »Das bringt uns der Lösung einen Schritt näher.«

Silvera hielt es für besser, sich noch einen Augenblick zu setzen. »Die längsten Reisen beginnen oft mit einem einzigen Schritt«, murmelte er und klopfte sich den Staub aus der Jacke.

Gegen Abend begann es zu regnen. Ein kalter Wind ließ die Fensterläden von Blackhawk Manor klappern. Im Wohnzimmer brannte ein behagliches Feuer im Kamin.

Inspektor Ludd, der seinen Glencheckmantel ausgezogen hatte, ging in einem grauen Anzug vor dem Kamin auf und ab.

»Wie sollen wir das Verbrechen nachspielen, Inspektor?« erkundigte Dobbs sich. Er trank aus einem Weinglas, das Dwiggins ihm eben serviert hatte. »Wir wissen doch ziemlich sicher, daß dieser unheimliche Terrorist ein Außenstehender ist, der zufällig mehrmals in der näheren Umgebung unseres Hauses gemordet hat. Ich bin natürlich kein Kriminalist wie Sie und Ihr Freund Silvera. Das kann ich nicht sein, denn ich befasse mich mit wichtigeren Dingen. Mit militärischen Themen. Zum Beispiel mit dem neuen Buch, das ich eben zusammenstelle: *Geschichte der Schützengräben.* Übrigens wieder ein Bildband.«

Nachdem alle ihren Wein vor sich hatten, forderte der Inspektor Silvera auf: »Erzählen Sie bitte, was wir bisher festgestellt haben.«

Silvera saß auf dem Klavierhocker neben Willa. Er nahm seine Hand von ihrem Rücken und sagte: »Gestern abend war ein junger Mann namens Roberto Koop auf seinem Fahrrad hier.«

»Einer deiner Freunde, was?« fragte McLew Scribbeley seinen Hausphilosophen.

»Ich bin nicht gleich mit jedem befreundet, der ein Fahrrad hat«, wehrte Prester-Johns ab. »Aber vielleicht habe ich den jungen Kerl bei einer meiner Vortragsreisen kennengelernt. Was sagt er denn?«

»Nach dem jungen Mann wird im Augenblick noch gefahndet«, antwortete Inspektor Ludd.

»Der springende Punkt ist«, fuhr Silvera fort, »daß Roberto Koop einen Onkel hat — Professor Leroy Koop. Der Professor hat einen Forschungsauftrag für die Selbstverteidigungsstreitkräfte von Murdstone übernommen.«

»Augenblick!« warf Dobbs ein. »Diese SVS-Dinge sind alle geheim!«

»Inspektor Ludd durfte an einigen Besprechungen teilnehmen«, sagte Silvera. »Deshalb weiß er, daß Koops Onkel eine neue Droge entwickelt hat, die unter der Bezeichnung Militärpillen bekannt ist.«

»Diese Militärpillen«, warf der Inspektor ein, »machen aus jedem Durchschnittssoldaten einen riesenhaften, durch nichts aufzuhaltenden Kämpfer.«

»Nie davon gehört«, behauptete Dobbs.

»Die Militärpillen sind ausgiebig erprobt worden und hätten der Truppe schon vor drei Jahren zur Verfügung stehen können«, fuhr der Inspektor fort. »Daß sie noch nicht allgemein eingeführt sind, liegt daran, daß in den Selbstverteidigungsstreitkräften noch eine ethische Debatte im Gange ist.«

»Wir haben uns heute nachmittag mit Professor Koop in Verbindung gesetzt«, berichtete Silvera. Er hatte noch keinen Schluck aus seinem Weinglas getrunken. Jetzt stellte er es aufs Klavier und stand auf. »Koop hat schließlich zugegeben, daß der junge Roberto ihm vor einem Jahr etwa fünfhundert Militärpillen geklaut und damit das Weite gesucht hat. Koops Neffe scheint gelernt zu haben, die Droge selbst herzustellen, und hat sie bereits in verschiedenen Territorien verkauft. Einige seiner Kunden scheinen einflußreiche Leute zu sein. Und einer von ihnen, der von den Pillen süchtig geworden ist, befindet sich hier im Haus.«

»Professor Koop war so freundlich, uns einige Pillen zu überlassen«, fügte Inspektor Ludd hinzu. Er lächelte sein halbrundes Lächeln. »Silvera ist es gelungen, ein wichtiges Beweisstück sicherzustellen. Er hat herausbekommen, wo der Terrorist seine Stiefel versteckt hatte. Die haben wir jetzt.«

»Und was nützt Ihnen das?« fragte Prester-Johns.

»Der unheimliche Terrorist ist einer von Ihnen«, antwortete Silvera. »Er nimmt Militärpillen und verwandelt sich dadurch in einen riesigen zottigen Killer. Jetzt brauchen wir nur noch festzustellen, wem die Stiefel passen.«

»Sie passen niemand«, behauptete Willa. »Der Inspektor sucht schließlich keinen der Anwesenden ... Ich meine, er hat's auf die *anderen* Füße des Verdächtigen abgesehen.«

»Ganz recht«, stimmte Ludd zu. »Deshalb haben wir mehrere der absolut geschmacksneutralen Militärpillen in Wein aufgelöst. Unsere Diskussion hat jetzt schon so lange gedauert, daß jeder sein erstes Glas ausgetrunken hat. Eine Information für diejenigen von Ihnen, die keine Erfahrung mit dieser Droge haben: die Wirkung setzt in etwa einer Viertelstunde ein und hält zwei bis drei Stunden an.«

Im nächsten Augenblick gingen alle Lichter aus.

Silvera, der sich den Weg eingeprägt hatte, durchquerte den halbdunklen Raum und verschwand durch die zweite Tür. Er lief einen dunklen Korridor entlang und erreichte ein anderes Zimmer. Dort versteckte er sich hinter bodenlangen Samtvorhängen und wartete.

In weniger als einer Minute öffnete sich eine Geheimtür in der Wandtäfelung, und McLew Scribbeley erschien mit einer Taschenlampe in der Hand. Er knipste die Schreibtischleuchte an und beugte sich über den großen Globus in der Ecke. Er drehte Murdstone dreimal nach links, dreimal nach rechts und nochmal nach links. Dann berührte er fünf Städte gleichzeitig mit den Fingern der rechten Hand. Der Globus öffnete sich, indem ein Viertel der Kugel nach außen schwenkte. Scribbeley griff hinein. Er holte zuerst mehrere Bündel Geldscheine heraus. Dann kamen Säcke mit Münzen. Und schließlich hielt er ein Paar ungeputzte Militärstiefel in der Hand. »Komisch«, murmelte er. »Sie sind ja noch da.«

»Das war nur ein Scherz.« Silvera kam hinter dem Vorhang hervor und zielte mit einem kleinen Handstrahler auf den knienden Verleger. »Ich habe mir ausgerechnet, daß Sie der Täter sein müßten, und wir wollten herausbekommen, wo Sie die verdammten Stiefel versteckt hatten. Deshalb haben wir behauptet, wir hätten sie bereits gefunden, und Sie konnten sich wie erwartet nicht beherrschen, sondern mußten gleich herkommen, um selbst nachzusehen.«

»Was wissen Sie alles?« fragte Scribbeley. »Wie sind Sie auf mich gekommen?«

»Für die meisten Morde hat es kein Motiv gegeben«, antwortete Silvera. »Sie konnten gar nicht anders, Scribbeley, Sie mußten morden, sobald die Militärpillen zu wirken begannen. Ich nehme an, daß Sie das Zeug zuerst genommen haben, weil Sie sich davon eine Potenzstärkung erwarteten, aber es hat anders gewirkt, nicht wahr?

Gestern abend hatten Sie jedoch ein handgreifliches Motiv für einen Mord. Kohinoor ist vermutlich zu Ihnen gekommen und hat Sie unter Druck gesetzt. Er war wütend, weil Sie mich trotz meiner berechtigten Forderungen hatten hinauswerfen lassen. Ich nehme an, daß er Ihnen gedroht hat, das Amt für Kulturelle Überwachung werde sich mit Ihrem Verlag beschäftigen, wenn Sie sich nicht mit mir einigten.

Deshalb haben Sie ihm erklärt, Sie würden mir die zweitausend Dollar zahlen, und ihn gebeten, sich mit ihm im Freien zu treffen, sobald alle anderen sich zurückgezogen hatten. Sie haben Kohinoor das Geld für mich übergeben, sich in den Killer verwandelt und ihn umgebracht.«

»Donnerwetter!« sagte Scribbeley und stand langsam auf. »Sie sind wirklich nicht auf den Kopf gefallen, Sie komischer Itaker. Gut, ich gebe zu, daß Sie völlig recht haben. Aber Sie haben eine Kleinigkeit übersehen: daß ich mich jetzt in den unheimlichen Terroristen verwandeln werde. Dann können Sie mich mit Ihrem kleinen Handstrahler nicht mehr aufhalten.« Er machte eine Pause, stieß dann einen lauten Schrei aus und wollte sich auf Silvera stürzen. Aber er blieb stehen, bevor er ihn erreichte, runzelte die Stirn und starrte seine Hände an. »Komisch, ich verwandle mich gar nicht, obwohl Sie das Zeug in den Wein getan haben . . .«

»Das war auch nur ein Scherz«, erklärte Silvera ihm.

Inspektor Ludd kam mit einem seiner Beamten herein. »Auch ein Schuß, den man mit einer Binde vor den Augen abgibt, findet manchmal sein Ziel.« Die beiden führten Scribbeley ab.

Als Willa kurze Zeit später auf der Suche nach Silvera den Raum betrat, kniete der Schriftsteller vor dem Globus. »Alles in Ordnung, José?«

»Augenblick, ich muß nur rasch zweitausend abzählen.«

»Hier liegt das ganze Geld – und du nimmst dir nur zweitausend?«

»Mehr ist er mir nicht schuldig«, sagte Silvera.

Frederik Pohl & C. M. Kornbluth

Die Entscheidung

Harry Vladek war eigentlich zu groß für seinen VW, aber er war zu arm, um sich einen besseren Wagen leisten zu können, und wie die Dinge standen, würde er noch lange zu arm bleiben. Er bremste vorsichtig (»Der Hauptbremszylinder leckt wie ein Sieb, Mr. Vladek; was nützt es da, nur die Bremsbeläge zu erneuern?« — aber die Generalüberholung der Bremsanlage sollte 128 Dollar kosten, und woher sollte er die nehmen?) und parkte auf dem kiesbestreuten Parkplatz. Er zwängte sich aus der Tür, während er wieder an Dr. Nicholsons beunruhigenden Anruf dachte, schloß den VW ab und ging ins Schulgebäude.

Die Elternvereinigung der Bingham County Schule für geistig Behinderte traf sich heute zur ersten Versammlung des Schuljahres. Von den etwa zwanzig Anwesenden kannte Vladek nur Mrs. Adler, die Leiterin oder Direktorin oder Besitzerin der Schule. Er mußte vor allem mit ihr sprechen. Ob sich später eine Gelegenheit ergab, sie unter vier Augen zu sprechen? Vorläufig saß sie auf der anderen Seite des Raumes an einem modernen Schreibtisch und redete halblaut und intensiv auf eine grauhaarige Frau in einem beigen Kostüm ein. Eine Lehrerin. Sie schien für eine Schülermutter zu alt zu sein, obwohl seine Frau ihm erzählt hatte, daß manche der Kinder mindestens zwanzig waren.

Es war inzwischen halb neun, aber draußen fuhren noch immer Wagen auf den Parkplatz vor dem Schulgebäude, das früher ein großes Landhaus, fast ein Herrenhaus gewesen war. Im Wohnzimmer waren noch immer elegante Erinnerungen an diese Zeit zu sehen. Zwei Kronleuchter. Reiche Stuckverzierungen an der Decke. Ein rosa Marmorkamin, der um so auffälliger wirkte, weil das jetzt daneben stehende Kamingeschirr zu klein und zu billig war. Doppelte Schiebetüren aus Eiche als Abschluß zur Diele hin. Und dahinter — sie standen jetzt offen — die feuerfeste Stahlbetonkonstruktion einer Treppe. Vladek konnte sich vorstellen, was für eine elegant geschwungene Holztreppe herausgerissen worden war, damit dieses feuerfeste Ungetüm, das den staatlichen Sicherheitsvorschriften für Schulen entsprach, eingebaut werden konnte.

Leute kamen herein: einzelne Männer, einzelne Frauen, gelegentlich ein Ehepaar. Er fragte sich, wie diese Ehepaare ihr Babysitter-Problem lösten. Auf den Briefbögen der Schule hieß es: Eine Institution für emotional gestörte und geistig behinderte Kinder, die lernfähig sind. Harrys neunjähriger Thomas gehörte zu den emotional gestörten. Er spürte fast einen gewissen Neid, als er sich fragte, ob jeder einigermaßen vernünftige Erwachsene als Babysitter für geistig behinderte Kinder geeignet war. Für Thomas gab es einfach keinen Babysitter. Die Vladeks waren nicht mehr zusammen ausgegangen, seitdem er zwei geworden war; heute abend hielt Margaret zu Hause die Festung und machte sich bestimmt Sorgen wegen Dr. Nicholsons Anruf, während Harry die Familie auf der Elternversammlung vertrat.

Als der Raum sich füllte, wurden die Stühle knapp. Ein junges Paar stand am Ende der Reihe in seiner Nähe und sah sich nach zwei Plätzen um. »Hier«, sagte er zu ihnen. »Ich rutsche eines weiter.« Die Frau lächelte höflich, und der Mann bedankte sich. Ein Aschenbecher auf dem leeren Stuhl vor Harry gab ihm den Mut, seine Zigaretten aus der Tasche zu holen. Er bot seinen Nachbarn eine an, aber die jungen Leute waren Nichtraucher. Harry zündete sich trotzdem eine Zigarette an und hörte zu, was um ihn herum gesprochen wurde.

Alle redeten gleichzeitig durcheinander. Eine Frau fragte ihre Nachbarin: »Was ist mit der Galle? Soll sie jetzt doch operiert werden?« Ein dicker kahlköpfiger Mann sagte zu einem untersetzten Mann mit buschigen Koteletten: »Mein Steuerberater hat mir erklärt, daß das Schulgeld als besondere Belastung absetzbar ist, wenn die Schule für psychosomatische Fälle ist, nicht einfach für Psychos. Das müssen wir noch klären.« Der untersetzte Mann antwortete: »Richtig, aber dazu brauchen Sie nur einen Brief Ihres Arztes; er empfiehlt die Schule und weist das Kind sozusagen dort ein.« Und eine sehr junge Frau sagte eindringlich: »Doktor Shields war sehr optimistisch, Mrs. Clerman. Er ist davon überzeugt, daß Georgie auf die Schilddrüsenbehandlung ansprechen wird. Und dann ...« Ein hellbrauner Farbiger in einem bunten Hawaiihemd erklärte einer molligen Frau: »Übers Wochenende hat er sich wirklich ein tolles Ding geleistet – drei Stiche hier oben an der Stirn und mein ganzes Angelzeug ruiniert.« Und die Frau erwiderte: »Sie langweilen sich so schrecklich. Mein kleines Mädchen hat diesen Tick mit Buntstiften, so daß ich ihr keine Malbücher geben kann. Man fragt sich manchmal wirklich, was man tun soll.«

Harry wandte sich schließlich an den jungen Mann neben ihm. Ich heiße Vladek. Ich bin Tommys Vater; er ist in der Anfängergruppe.«

»Da ist unserer auch«, antwortete der junge Mann. »Er heißt Vern. Sechs Jahre alt. Blond wie ich. Vielleicht ist er Ihnen schon mal aufgefallen.«

Harry gab sich keine große Mühe, sich an den Jungen zu erinnern. Er hatte Tommy nur zwei- oder dreimal nach der Schule abgeholt und war im allgemeinen Gedränge nicht imstande gewesen, die übrigen Kinder voneinander zu unterscheiden. Mäntel, Taschentücher, Mützen, ein kleines Mädchen, das sich immer in der Besenkammer versteckte, und ein kleiner Junge, der nie nach Hause wollte und sich an die Lehrerin klammerte. »O ja«, sagte er höflich.

Der junge Mann stellte sich und seine Frau vor; die beiden waren Murray und Celia Logan. Harry beugte sich vor, um Mrs. Logan die Hand zu schütteln, und sie fragte: »Sind Sie nicht neu hier?«

»Ja. Tommy ist seit vier Wochen in der Schule. Wir sind von Elmira hergezogen, um in der Nähe zu sein.« Er zögerte und fügte dann hinzu: »Tommy ist neun, aber er ist noch in der Anfängergruppe, weil Mrs. Adler der Meinung war, das würde ihm die Anpassung erleichtern.«

Logan zeigte auf einen sonnengebräunten Mann in der ersten Reihe. »Sehen Sie den mit der Brille? Er ist aus *Texas* hergezogen. Aber er hat natürlich auch Geld.«

»Die Schule scheint wirklich gut zu sein«, stellte Harry fragend fest.

Logan grinste nur. Er wirkte etwas nervös.

»Wie kommt Ihr Sohn voran?« erkundigte Harry sich.

»Der kleine Schlingel!« sagte Logan. »Letzte Woche hab' ich ihm wieder *My Fair Lady* gekauft. Er hat schon vier, fünf Platten verbraucht, und er läuft dann herum und singt ›wunderscheen, wunderscheen‹. Aber einen *ansehen*? Um nichts in der Welt!«

»Meiner redet nicht«, sagte Harry.

»Unserer redet«, warf Mrs. Logan ein. »Allerdings nicht mit irgend *jemand*. Man hat das Gefühl, gegen eine Wand zu reden.«

»Ja, ich weiß.« Harry nickte. »Hat ... äh ... hat Vern schon Fortschritte gezeigt, seitdem er hier in der Schule ist?«

Murray Logan schob die Unterlippe vor. »Ja, das kann man sagen. Das Bettnässen hat sich nicht gebessert, aber das Leben ist in mancher Beziehung einfacher geworden. Sie wissen selbst, daß man nie auf einen dramatischen Durchbruch hofft. Aber die Kleinigkeiten werden von Tag zu Tag besser. Vieles geht irgendwie glatter. Aber es gibt natürlich auch Rückschläge.«

Harry nickte. Er dachte an sieben Jahre voller Rückschläge, die den beiden ersten sorgenvollen, verwirrten Jahren gefolgt waren. Er sagte: »Mrs. Adler hat mir erklärt, daß ein besonderer Anfall von Zerstörungswut beispielsweise auf ein Plateau in der Sprechtherapie hinweisen kann. Das Kind setzt sich dagegen zur Wehr und bricht in irgendeiner anderen Richtung aus.«

»Natürlich«, stimmte Logan zu, »aber was ich meine ... Oh, sie fangen an.«

Vladek nickte, drückte seine Zigarette im Aschenbecher aus und zündete sich geistesabwesend eine neue an. Seine Magennerven verkrampften sich wieder. Er wunderte sich über diese anderen Eltern, die so gelassen und ... nun, so nüchtern, so wenig betroffen wirkten. War es bei ihnen anders als bei Margaret und ihm? Und es war lange her, daß sie mit sich und der Welt zufrieden gewesen waren, auch ohne daß Dr. Nicholson von ihnen eine Entscheidung verlangt hatte. Er zwang sich dazu, sich zurückzulehnen und so heiter gelassen wie die anderen dreinzusehen.

Mrs. Adler klopfte mit einem Lineal auf ihren Schreibtisch. »Wir sind soweit vollzählig, glaube ich«, stellte sie fest. Sie lehnte sich an den Schreibtisch und wartete auf Ruhe. Mrs. Adler war klein, mollig und überraschend hübsch. Sie machte nicht den Eindruck einer kompetenten Lehrkraft. Sie sah tatsächlich so wenig danach aus, daß Harry vor einem Vierteljahr enttäuscht gewesen war, als die Korrespondenz wegen Tommys Aufnahme ihren Höhepunkt in der langen Fahrt von Elmira hierher gefunden hatte, damit Mrs. Adler sich den Jungen ansehen konnte. Er hatte eine stahlgraue Dame mit randloser Brille erwartet, eine Walküre in weißem Kittel wie die Krankenschwester, die den strampelnden und kreischenden Tommy festgehalten hatte, während sie darauf wartete, daß das Beruhigungszäpfchen vor seinem ersten EEG zu wirken begann. Oder eine ...

Nein, Harry hatte alles andere erwartet — nur diese hübsche junge Frau nicht. Wieder eine Sackgasse! hatte er verzweifelt gedacht. Eine weitere, nachdem sie schon Hunderte kennengelernt hatten. Zuerst: »Am besten warten wir ab, bis sich das auswächst.« Aber es wird schlimmer. Dann: »Wir müssen uns in Gottes Willen fügen.« Aber das kann man doch nicht. Als nächstes ein Medikament, das man ihm drei Monate lang dreimal täglich gibt. Ohne Erfolg. Dann das sechs Monate lange Versteckspiel mit der Elternberatungsstelle, bis sich zeigt, daß sie nur auf Briefbögen existiert und in Wirklichkeit nur mit einem reisenden Psychologen besetzt ist, der für nichts Zeit hat. Nach vier schlimmen, tränenreichen Wochen die Entscheidung, den Jungen in die Staatliche Sonderschule zu schicken – und feststellen zu müssen, daß man dort acht Jahre auf einen Platz warten muß. Danach die Privatschulen, die aber fünfeinhalbtausend Dollar jährlich kosten ... ohne die ärztliche Behandlung! Und woher soll man 5500 Dollar im Jahr nehmen? Und während man sich darüber den Kopf zerbricht, wird man von allen Seiten gewarnt, als wüßte man das nicht selbst: »Beeilt euch! Tut etwas! Unternehmt frühzeitig etwas dagegen! Dies ist das kritische Stadium! Jede Verzögerung kann schreckliche Folgen haben!« Und dann diese mollige kleine Frau; wie sollte sie etwas tun können?

Sie hatte ihnen rasch gezeigt, was sie konnte. Sie hatte Margaret und Harry kurz ausgefragt, sich dann mit Tommy befaßt, der wie ein wildgewordener Stier durch den gleichen Raum tobte, und sein Toben in ein Spiel verwandelt. Drei Minuten später experimentierte er glücklich mit einem offenbar unzerstörbaren alten Grammophon, und Mrs. Adler erklärte den Vladeks: »Sie dürfen sich keine Hoffnung auf eine Wunderheilung machen. Es gibt keine. Aber Tommy kann Fortschritte machen, und ich glaube, daß wir ihm dabei helfen können.«

Vielleicht hat sie das schon getan, dachte Vladek trübselig. Vielleicht hat sie ihm soviel geholfen, wie man überhaupt kann.

Inzwischen hatte Mrs. Adler die Eltern freundlich begrüßt, sie gebeten, nach der Versammlung zum Kaffee dazubleiben, um sich besser kennenzulernen, und die Vorsitzende des Elternbeirates vorgestellt. Die Vorsitzende war eine Mrs. Rose: großgewachsen, vorzeitig ergraut, Typ erfolgreiche Geschäftsfrau. »Da dies die erste Versammlung des Schuljahres ist«, sagte sie, »sind keine Protokolle vorzulesen, und wir können uns gleich mit den Berichten der Komitees beschäftigen. Wie steht's mit dem Transportproblem, Mr. Baer?«

Der Mann, der daraufhin aufstand, war alt. Über sechzig; Harry fragte sich, wie es sein mußte, gegen Lebensende die Verantwortung für ein geistig behindertes Kind tragen zu müssen. Mr. Baer trug alle äußerlichen Merkmale des Erfolgs zur Schau: Aufzug für 400 Dollar, elektronische Armbanduhr und den goldenen Ring einer Studentenverbindung. Er sprach mit leichtem deutschen Akzent: »Ich war beim Bezirksschulrat, aber diese Leute weigern sich, etwas für uns zu tun. Mein Anwalt hat sich damit befaßt, und die Schwierigkeit liegt tatsächlich in einem einzigen Wort. Dem Gesetz nach *kann* der Schulrat den Eltern behinderter Kinder die Fahrkosten zu Privatschulen ersetzen. Nicht *muß*, verstehen Sie, sondern *kann*. Sie haben sehr offen mit mir gesprochen. Sie wollen einfach nichts für uns ausgeben, weil sie den Eindruck haben, wir seien hier alle reiche Leute.«

Halb spöttisches, halb enttäuschtes Lachen antwortete ihm.

»Mein Anwalt hat also einen Termin vereinbart, und wir haben den Fall der Schulbehörde vorgetragen. Uns war es gleichgültig, was bewilligt wurde – Fahrkostenerstattung, ein Schulbus, irgend etwas, das die Transportfrage zumindest teilweise löst. Aber unser Antrag ist abgelehnt worden.«

Der Mann zuckte mit den Schultern, blieb stehen und sah zu Mrs. Rose hinüber, die jetzt sagte:

»Danke, Mr. Baer. Möchte jemand einen Vorschlag dazu machen?«

»Ich bin dafür, daß wir sie unter Druck setzen!« meinte eine Frau aufgebracht. »Wir sind schließlich alle Wähler!«

»Richtig, wir müssen in die Öffentlichkeit gehen«, stimmte ein Mann zu. »Das Prinzip ist völlig klar – das Kind eines Steuerzahlers soll die gleichen Rechte wie das eines anderen Steuerzahlers haben. Wir sollten Leserbriefe an die Zeitungen schreiben.«

»Augenblick!« warf Mr. Baer ein. »Mit Leserbriefen erreichen wir nicht viel, aber ich habe eine Werbeagentur, die für mich arbeitet. Ich gebe ihr den Auftrag, sich etwas weniger um meine Spezialitäten zu kümmern und dafür diese Frage aufzugreifen. Das sind Fachleute, die genau wissen, wie man so etwas anfangen muß.«

Sein Antrag wurde zur Abstimmung gestellt und einstimmig angenommen, während Murray Logan Vladek zuflüsterte: »Seine Firma stellt Marijane Knoblauchmajonäse her. Er hat eine zwölfjährige Tochter, der Mrs. Adler sehr geholfen hat, als sie noch Privatunterricht gegeben hat. Er und einige andere Eltern haben ihr dieses Schulgebäude gekauft.«

Während weitere Berichte vorgetragen wurden, überlegte Harry Vladek sich, wie es sein mußte, ein Vater zu sein, der ein Gebäude für die Schule kaufen konnte, die seinem Kind helfen würde. Irgendwann erschien dann das Thema Finanzen auf der Tagesordnung, und es hieß, zu einer geplanten Theatervorstellung müsse jedes Ehepaar ›mindestens‹ fünf Kartenpaare zu je sechzig Dollar verkaufen. Dagegen muß ich gleich protestieren, dachte Harry und hob die Hand.

»Ich heiße Harry Vladek«, sagte er, als die Vorsitzende ihm das Wort erteilte. »und ich bin hier neu. In der Schule und im County. Ich arbeite bei einer großen Versicherungsgesellschaft und hatte Glück, hierher versetzt zu werden, damit mein Junge diese Schule besuchen kann. Aber ich kenne einfach noch niemand, dem ich Theaterkarten für sechzig Dollar verkaufen kann. Für Leute wie mich ist das ziemlich viel Geld.«

»Das ist für die meisten von uns ziemlich viel Geld«, antwortete Mrs. Rose. »Aber irgendwie bringen Sie die Karten bestimmt los. Wir müssen sie einfach verkaufen. Es spielt keine Rolle, ob Sie hundert Leute ansprechen, von denen fünfundneunzig ablehnen — wenn die restlichen fünf nur Karten kaufen.«

Als er sich setzte, rechnete er bereits im stillen. Nun, Mr. Crine im Büro. Er war Junggeselle und ging gern ins Theater. Vielleicht konnte er ein weiteres Paar im Büro verlosen. Oder zwei Paare. Und dann war da der Immobilienmakler, der ihnen das Haus verkauft, und der Rechtsanwalt, der die Formalitäten erledigt hatte . . .

Harry erinnerte sich daran, was Mrs. Adler ihnen zu Anfang erklärt hatte: obwohl das Schulgeld keineswegs niedrig war – 1800 Dollar im Jahr —, genügte es nicht, um die Kosten pro Kind zu dekken. Irgend jemand mußte für den Sprechtherapeuten, die Tanztherapeutin, die hauptberufliche Psychologin, den halbtags tätigen Psychiater und alle anderen bezahlen, und das konnte ebensogut Mr. Crine im Büro sein. Und der Rechtsanwalt.

Eine halbe Stunde später warf Mrs. Rose einen Blick auf die Tagesordnung, hakte den letzten Punkt ab und sagte: »Das scheint für heute abend alles zu sein. Mr. und Mrs. Perry haben wunderbare Plätzchen mitgebracht, und wir wissen alle, was für guten Kaffee Mrs. Howe kocht. Wir treffen uns im Anfängerraum, und ich hoffe, daß Sie alle dableiben, um miteinander bekannt zu werden. Die Versammlung ist geschlossen.«

Harry und die Logans folgten den anderen in den Anfängerraum, in dem Tommy seine Vormittage verbrachte. »Dort ist Miß Hackett«, stellte Celia Logan fest. Miß Hackett war die Lehrerin dieser Gruppe. Sie sah die drei und kam lächelnd zu ihnen herüber. Harry hatte sie nur in einem langen grauen Kittel erlebt, der ihr Schutz vor Kakao, Fingerfarben und plötzlichen Wasserspritzern war. Ohne den Kittel war sie eine attraktive Vierzigerin in einem grünen Hosenanzug.

»Ich freue mich, daß Sie sich kennengelernt haben«, begann Miß Hackett. »Ich wollte Ihnen noch sagen, daß Ihre Jungen gute Fortschritte machen. Sie haben eine Art Verschwörung gegen ihre Klassenkameraden gebildet. Vern mopst ihnen Spielsachen und gibt sie Tommy.«

»Wirklich?« rief Logan aus.

»Ja. Ich glaube, daß er allmählich in eine neue Rolle hineinwächst. Und, Mr. Vladek, Tommy nimmt minutenlang den Daumen aus dem Mund. Heute vormittag mindestens ein dutzendmal, ohne daß ich ihn dazu aufgefordert hätte.«

Harry nickte aufgeregt. »Wissen Sie, ich hab' mir schon gedacht, daß er allmählich mit dem Daumenlutschen aufhört. Aber ich war mir meiner Sache nicht ganz sicher. Wissen Sie das bestimmt, Miß Hackett?«

»Ganz bestimmt«, antwortete sie. »Und ich habe ihn dazu gebracht, ein Gesicht zu zeichnen. Er hat mich nur angestarrt, als die anderen gezeichnet haben; deshalb habe ich so getan, als wollte ich ihm das Papier wegnehmen. Er hat's wieder an sich gerissen und in erstaunlich kurzer Zeit ein abstraktes Gesicht gezeichnet. Ich wollte Ihnen die Zeichnung aufheben, aber Tommy hat sie erwischt und in Papierschnitzel verwandelt.«

»Ich wollte, ich hätte sie gesehen«, murmelte Vladek.

»Er zeichnet bestimmt weiter. Ich glaube, daß Ihre Jungen bald wirkliche Fortschritte machen werden«, fuhr sie fort und lächelte auch den Logans zu. »Ich habe nachmittags einen Privatschüler, der wirklich schwierig ist. Ein Neunjähriger wie Tommy. Er bildet sich ein, Donald Duck habe es auf ihn abgesehen. Seine Eltern haben es irgendwie fertiggebracht, sich zwei Jahre lang einzureden, das sei nur eine harmlose Illusion – und das, obwohl er in dieser Zeit drei Fernseher zertrümmert hat. Dann sind sie mit ihm zu einem Psychiater gegangen und haben die Wahrheit erfahren. Entschuldigen Sie mich bitte, ich muß mit Mrs. Adler sprechen.«

Logan schüttelte den Kopf und meinte: »Wir hätten's schlechter treffen können, Vladek. Vern gibt einem anderen Jungen etwas! Wie gefällt Ihnen das?«

»Mir gefällt es prima«, warf seine Frau strahlend ein.

»Und haben Sie gehört, was sie von dem anderen Jungen erzählt hat? Der arme Junge. Wenn man sowas hört ... Und ich denke manchmal an Mr. Baers Tochter. Ich finde es immer schlimmer, wenn es ein kleines Mädchen ist, wissen Sie, weil man bei kleinen Mädchen Angst hat, daß sie von jemand ausgenützt werden könnten; aber unsere Jungs kommen bestimmt zurecht, Vladek. Sie haben ja gehört, was Miß Hackett gesagt hat.«

Harry hatte es plötzlich eilig, zu seiner Frau nach Hause zu kommen. »Ich bleibe lieber doch nicht zum Kaffee — oder wird das erwartet?«

»Nein, nein, Sie können gehen, wann sie wollen.«

»Ich habe eine halbe Stunde weit zu fahren«, sagte er entschuldigend, ging durch die eichenen Schiebetüren hinaus, an der häßlichen, aber feuerfesten Treppe vorbei und über den kiesbestreuten Parkplatz. In Wirklichkeit wollte er früher nach Hause, um Margaret von der Sache mit dem Daumenlutschen erzählen zu können, bevor sie einschlief. Nach nur einem Monat geschah bereits etwas, ganz entschieden etwas. Und Tommy zeichnete ein Gesicht. Und Miß Hackett sagte ...

Er blieb mitten auf dem Parkplatz stehen. Dr. Nicholson fiel ihm wieder ein, und was hatte Miß Hackett außerdem wirklich gesagt? Hatte sie von einem normalen Leben gesprochen? War von einer Heilung die Rede gewesen? »Wirkliche Fortschritte«, hatte sie gesagt — aber wie weit?

Er zündete sich eine Zigarette an, kehrte um und bahnte sich einen Weg durchs Gedränge zu Mrs. Adler. »Mrs. Adler«, fragte er, »kann ich Sie einen Augenblick sprechen?«

Sie folgte ihm sofort in eine Ecke, wo sie ungestört waren. »Wie hat Ihnen unsere Versammlung gefallen, Mr. Vladek?«

»Danke, gut, Mrs. Adler. Ich wollte mit Ihnen sprechen, weil ich vor einer Entscheidung stehe. Ich weiß nicht, was ich tun soll. Ich weiß nicht, an wen ich mich wenden kann. Mir wäre schon viel geholfen, wenn Sie mir sagen könnten ... nun, welche Chancen Tommy hat.«

Sie antwortete nicht gleich. »Wollen Sie ihn in einem Heim unterbringen, Mr. Vladek?« erkundigte sie sich dann.

»Nein, darum geht es nicht. Wir ... nun, was können Sie mir sagen, Mrs. Adler? Ich weiß, daß ein Monat nicht genug ist. Aber glauben Sie, daß er jemals wie alle anderen wird?«

Er merkte ihr an, daß sie solche Gespräche schon oft geführt hatte und jedesmal darunter litt. »›Alle anderen‹ schließt auch einige schreckliche Leute ein, die nur zufällig nicht behindert sind, Mr. Vladek«, antwortete sie geduldig. »Uns geht es nicht darum, Tommy wie ›alle anderen‹ zu machen. Wir wollen ihm nur helfen, der beste und aufgeweckteste Tommy Vladek zu werden, der er sein kann.«

»Ja, aber was soll später aus ihm werden? Ich meine, wenn meine Frau und ich ... falls uns irgend etwas zustößt?«

Mrs. Adler litt sichtlich. »Das kann Ihnen niemand sagen, Mr. Vladek«, erklärte sie ihm bedrückt. »Sie dürfen die Hoffnung nicht aufgeben. Aber ich kann Ihnen nicht Mut machen, Wunder zu erwarten.«

Margaret schlief noch nicht; sie wartete in dem kleinen Wohnzimmer des kleinen neuen Hauses auf ihn. »Wie war er?« fragte Vladek, wie der Heimkommende den Babysitter seit sieben Jahren bei der Rückkehr fragte.

Sie schien geweint zu haben, aber ihre Stimme klang ruhig. »Nicht allzu schlimm. Ich mußte mich mit ihm hinlegen, weil er sonst nicht ins Bett gegangen wäre. Aber er hat seine Medizin brav genommen. Er hat sogar den Löffel abgeleckt.«

»Das ist gut«, meinte Harry zufrieden und erzählte ihr von dem Gesicht, das Tommy gezeichnet hatte, von der Verschwörung mit dem kleinen Vern Logan und vom Daumenlutschen. Er sah, wie Margaret sich darüber freute, aber sie sagte nur: »Doktor Nicholson hat wieder angerufen.«

»Ich hab' ihm doch verboten, dich zu belästigen!«

»Er hat mich nicht belästigt, Harry. Er war sehr nett. Ich habe ihm versprochen, daß du zurückrufst.«

»Es ist schon elf, Margaret. Ich rufe ihn morgen früh an.«

»Nein, er wartet heute abend auf deinen Anruf, auch wenn's spät wird. Und du sollst nicht vergessen, ein R-Gespräch anzumelden.«

»Ich wollte ich hätte seinen verdammten Brief nie beantwortet!«

knurrte Vladek. Nach einer Pause fragte er: »Gibt's noch eine Tasse Kaffee? Ich bin in der Schule früher weggefahren.«

Margaret hatte das Wasser aufgesetzt, als sie den VW in der Einfahrt hörte, und der Pulverkaffee war bereits in der Tasse. Jetzt goß sie ihn auf und sagte: »Du mußt mit ihm reden, Harry. Er muß es noch heute abend wissen.«

»Noch heute abend wissen! Noch heute abend wissen«, wiederholte er aufgebracht. Er verbrannte sich den Mund am Kaffee und fragte: »Was soll ich denn tun, Margaret? Wie soll ich so eine Entscheidung treffen? Heute habe ich nach dem Telefonhörer gegriffen und unseren Firmenpsychologen angerufen — und als seine Sekretärin sich meldete, behauptete ich, die falsche Nummer gewählt zu haben. Ich wußte nicht, was ich ihm hätte sagen sollen.«

»Ich versuche keineswegs, dich unter Druck zu setzen, Harry. Aber er muß wissen, wofür wir uns entscheiden.«

Vladek stellte die Tasse ab und zündete sich die fünfzigste Zigarette dieses Tages an. Das kleine Eßzimmer — es war gar keines, sondern nur eine Eßnische neben der winzigen Küche — war voller Erinnerungen an Tommy. Die frischgestrichene Wand, wo Tommy die Tapete abgerissen hatte. Das mit einem Schloß gesicherte Backrohr, das nicht einmal Tommy öffnen konnte. Das eine Sitzpolster, das nicht zu den anderen paßte, weil Tommy das vorige mit seinem Löffel aufgeschlitzt hatte. Harry murmelte: »Ich weiß, was meine Mutter mir raten würde. Red mit dem Pfarrer darüber. Vielleicht wäre das gar keine schlechte Idee. Aber wir sind hier noch nie in der Messe gewesen.«

Margaret setzte sich und nahm sich eine Zigarette. Sie sah noch immer gut aus. Sie hatte seit Tommys Geburt kein Pfund zugenommen, obwohl sie meistens müde aussah. Jetzt sagte sie ruhig und offen: »Wir waren uns darüber einig, was wir tun wollten, Harry. Du hast gesagt, du würdest mit Mrs. Adler sprechen, und du warst bei ihr. Wir hatten vereinbart, daß wir mit Doktor Nicholson reden würden, wenn Mrs. Adler uns keine Hoffnungen machen kann. Ich weiß, daß das für dich schwierig ist, und ich bin mir darüber im klaren, daß ich dir mehr helfen sollte. Aber ich weiß nicht, was wir tun sollen, deshalb muß ich dich entscheiden lassen.«

Harry starrte seine Frau liebevoll und hoffnungslos an. In dieser Sekunde klingelte das Telefon. Natürlich war Dr. Nicholson am Apparat.

»Ich habe mich noch nicht entschieden«, sagte Harry Vladek sofort. »Sie drängen mich, Doktor Nicholson.«

Die entfernte Stimme klang selbstsicher und gelassen. »Nein, Mr. Vladek, ich dränge Sie nicht. Das Herz des anderen Jungen hat vor einer Stunde versagt. Deshalb müssen Sie sich schnell entscheiden.«

»Soll das heißen, daß er tot ist?« rief Vladek aus.

»Er ist an eine Herz-Lungen-Maschine angeschlossen, Mr. Vladek. Wir können ihn noch mindestens achtzehn, vielleicht sogar vierundzwanzig Stunden am Leben erhalten. Das Gehirn ist in bester Ordnung. Wir haben sehr gute Aufzeichnungen der Gehirnströme. Die Gewebeverträglichkeit zwischen ihm und Ihrem Sohn ist zufriedenstellend. Mehr als zufriedenstellend. Die nächste Maschine hierher startet morgen früh um Viertel nach sechs auf dem Kennedy International Airport, und ich habe drei Plätze für Sie, Ihre Frau und Tommy reservieren lassen. Sie werden am Flughafen abgeholt. Sie könnten mittags hier sein; das ist noch rechtzeitig. Gerade noch rechtzeitig, Mr. Vladek. Jetzt müssen Sie sich entscheiden.«

»Das kann ich nicht!« antwortete Vladek aufgebracht. »Warum begreifen Sie das nicht endlich? Ich weiß nicht, wie ich diese Entscheidung treffen soll.«

»Doch, das verstehe ich, Mr. Vladek«, sagte die entfernte Stimme, und Harry hatte seltsamerweise das Gefühl, Dr. Nicholson verstehe ihn wirklich. »Ich möchte Ihnen einen Vorschlag machen. Warum kommen Sie nicht auf jeden Fall her? Vielleicht wäre es gut, wenn Sie den anderen Jungen sehen und mit seinen Eltern reden könnten. Die beiden fühlen sich Ihnen bereits verpflichtet, weil Sie immerhin soweit mitgemacht haben, und möchten Ihnen danken.«

»Nein, nein, nur das nicht!«

Der Arzt fuhr fort: »Seine Eltern wollen nur, daß ihr Junge lebt. Sie erwarten gar nicht mehr. Sie sind bereit, Ihnen das Kind zu überlassen – ihr Kind und Ihres, Mr. Vladek. Er ist ein sehr netter kleiner Junge, Mr. Vladek. Acht Jahre alt. Liest viel. Baut Modellflugzeuge. Er durfte mit dem Rad auf der Straße fahren, weil er so vernünftig und zuverlässig ist, und der Unfall war nicht seine Schuld. Der Lastwagen hat ihn auf dem Gehsteig erfaßt.«

Harry zitterte unkontrollierbar. »Das ist reine Bestechung«, sagte er heiser. »Sie erzählen mir, daß ich Tommy gegen einen klügeren und netteren Jungen eintauschen kann.«

»So war's nicht gemeint, Mr. Vladek. Ich wollte Ihnen nur schildern, was für einen Jungen Sie retten können.«

»Sie wissen nicht einmal, ob die Operation gelingt!«

»Richtig«, stimmte der Arzt zu, »dafür können wir nicht garantieren. Ich kann Ihnen sagen, daß wir Tiergehirne – auch von Säugetieren mit hohem Entwicklungsstand –, Gehirne von Toten und einmal die Gehirne von Todkranken verpflanzt haben. Aber Sie haben recht: Wir haben noch kein Gehirn in einen gesunden Körper verpflanzt. Ich habe Ihnen alle Unterlagen gezeigt, Mr. Vladek. Wir haben sie mit Ihrem Hausarzt durchgesprochen, als wir vor fünf Monaten zum erstenmal über diese Möglichkeit redeten. Dies ist die erste Möglichkeit, bei der alle äußeren Faktoren übereinstimmen, so daß wir auf Erfolg hoffen können, aber die Methode ist selbstverständlich noch nicht erprobt. Es sei denn, Sie helfen uns, sie zu erproben. Ich bin davon überzeugt, daß die Operation gelingt. Aber garantieren kann Ihnen das niemand.«

Margaret war hinausgegangen, aber Vladek wußte, wo sie war, weil er das Knacken im Hörer wahrgenommen hatte; sie hörte am zweiten Apparat im Schlafzimmer mit. Er sagte schließlich: »Ich kann Ihnen jetzt keine Antwort geben, Doktor Nicholson. Ich rufe Sie in ... in einer halben Stunde an. Mehr kann ich im Augenblick nicht tun.«

»Das ist schon sehr viel, Mr. Vladek. Ich warte also auf Ihren Anruf.«

Harry setzte sich wieder und trank seinen Kaffee aus. Heutzutage mußte man schon verdammt viel wissen, um einigermaßen durchzukommen, überlegte er sich. Was verstand er von Gehirnverpflanzungen? In mancher Beziehung sehr viel. Er wußte, daß die Operation keine besonderen Schwierigkeiten bot, daß die Gewebeverträglichkeit das Kernproblem darstellte und daß Dr. Nicholson glaubte, dafür eine Lösung gefunden zu haben. Alle Ärzte, mit denen Harry darüber gesprochen hatte, hatten ihm bestätigt, daß die Sache medizinisch gesehen vermutlich in Ordnung war. Aber alle hatten vorsichtig den Mund gehalten, wenn Harry das Gespräch darauf brachte, ob die geplante Operation auch richtig sei. »Das ist Ihr Problem, nicht unseres«, hatten sie alle gesagt – manchmal nur durch ihr Schweigen. Aber wie kam gerade er dazu, diese Entscheidung zu treffen?

Margaret erschien an der Tür. »Harry. Komm, wir gehen nach oben und sehen uns Tommy an.«

Er fragte heiser: »Glaubst du, daß es mir dann leichterfällt, meinen Sohn zu ermorden?«

»Darüber haben wir lange diskutiert, Harry«, antwortete sie ruhig, »und wir waren uns darüber einig, daß es kein Mord ist. Ich finde nur, daß Tommy dabei sein sollte, wenn wir die Entscheidung treffen, selbst wenn er nicht weiß, was wir entscheiden.«

Die beiden standen an dem übergroßen Kinderbett, in dem ihr Sohn schlief, starrten im schwachen Lichtschein des Nachtlichts die langen blonden Wimpern auf den molligen Backen an und betrachteten die Lippen, die sich eng um den Daumen schlossen. Lesen. Modellflugzeuge bauen. Radfahren. Und auf der anderen Seite ein hastig hingekritzeltes Gesicht und die gelegentlichen, um so rührenderen Zärtlichkeitsausbrüche.

Vladek blieb die ganze halbe Stunde an Tommys Bett. Dann ging er wie versprochen in die Küche zurück, nahm den Hörer ab und begann zu wählen ...

Jon Lucas

Das elektronische Huhn

Emerson J. Minnick
R. F. D. 68
Petaluma, Calif.

7. Juni 1973

Genius Inventions, Inc.
1448 Bonanza Blvd.
Los Angeles, Calif.

Gentlemen,
ich schreibe Ihnen heute auf Ihre Anzeige im *Farm & Home Magazine,* wo es heißt »Erfinder gesucht«. Da ich der Vater mehrerer nützlicher Erfindungen bin, von denen ganz besonders eine ein Schlager werden müßte, gestatte ich mir, Sie um sofortige Kontaktaufnahme zu bitten.

Hochachtungsvoll
Emerson J. Minnick

Genius Inventions, inc
1448 Bonanza Blvd.
Los Angeles, Calif.

9. Juni 1973

Mr. Emerson J. Minnick
R. F. D. 68
Petaluma, Calif.

Lieber Mr. Minnick,
besten Dank für Ihre Anfrage vom 7. Juni 1973. Ich übersende Ihnen mit getrennter Post unsere Broschüre ›Durch Denken zu Millionen!‹, aus der Sie ersehen können, welche hohen Gewinne sich

beim Verkauf neuartiger Erfindungen an die Industrie erzielen lassen.

Wie in unserer Broschüre und der Anzeige, die Ihre Aufmerksamkeit erregt hat, hervorgehoben wird, ist dazu keinerlei Erfahrung nötig. Ihnen ist sicher bekannt, daß Leonardo da Vinci und Thomas A. Edison – um nur zwei der erfolgreichsten Erfinder zu nennen – keine Ingenieurausbildung hatten oder sonstwie wissenschaftlich vorgebildet waren, und es gibt keinen Grund, warum Sie ihrem Beispiel nicht folgen können sollten.

Ich sehe Ihrer Antwort mit Interesse entgegen.

Mit vorzüglicher Hochachtung
gez. John Wallen
(John Wallen)

Emerson J. Minnick
R. F. D. 68
Petaluma, Calif.

12. Juni 1973

Genius Inventions, Inc.
1448 Bonanza Blvd.
Los Angeles, Calif.

Lieber Mr. Wallen,
ich habe Ihre Broschüre von vorn bis hinten durchgelesen und bin davon überzeugt, daß Ihre Firma genau das Unternehmen ist, das ich brauche. Ich habe mich mit dem Teil befaßt, in dem von einem Vertrag die Rede ist, und Sie können ihn mir jetzt schicken. Für den Fernunterricht in Technischem Zeichnen und Maschinenbau habe ich allerdings keine Verwendung, weil ich schon weiß, wie man Sachen erfindet, und sie nur noch patentieren und an die Großindustrie verkaufen muß, wie es in Ihrer Broschüre heißt. Sobald Ihr Vertrag bei mir eingeht, unterschreibe ich ihn und schicke Ihnen gleich eine meiner Erfindungen mit. Ich glaube, daß mein vollautomatisches elektronisches Huhn in Festkörperbauweise für den Anfang am besten ist, weil es todsicher ein Schlager wird.

Hochachtungsvoll
Emerson J. Minnick

Genius Inventions, Inc.
1448 Bonanza Blvd.
Los Angeles, Calif.

14. Juni 1973

Mr. Emerson J. Minnick
R. F. D. 68
Petaluma, Calif.

Lieber Mr. Minnick,
besten Dank für Ihr Schreiben vom 12. Juni 1973, in dem Sie uns mitteilen, daß Sie unseren Vertrag 3378-A unterzeichnen wollen. In der Anlage finden Sie zwei dieser Vordrucke mit meiner Unterschrift. Füllen Sie bitte beide aus und schicken Sie uns einen mit Ihren Bauplänen und Ihrem Scheck. Sobald wir diese Unterlagen in Händen haben, beginnen wir mit der Patentanmeldung und Weiterentwicklung Ihrer Erfindung.

Ich hoffe, daß Sie mit unserem Vorschlag einverstanden sind, nehme mir die Freiheit, Ihnen zu Ihrer Entscheidung zu gratulieren, und bin

Mit vorzüglicher Hochachtung
gez. John Wallen
(John Wallen)

Emerson J. Minnick
R. F. D. 68
Petaluma, Calif.

17. Juni 1973

Genius Inventions, Inc.
1448 Bonanza Blvd.
Los Angeles, Calif.

Lieber Mr. Wallen,
tut mir leid, aber das begreife ich nicht. Hier in Ihrem Vertrag steht, daß ich Ihnen $ 500,00 (fünfhundert) schicken soll. Das verstehe ich einfach nicht. Ich sehe nicht ein, warum eine große reiche Firma wie Ihre fünfhundert Dollar von mir braucht, wenn Sie doch mit 50 Prozent an einer Erfindung beteiligt werden, die Ihnen einen Haufen Geld einbringen wird. Vergessen Sie nicht, daß Sie das

Recht haben, die Hälfte aller Gewinne einzubehalten, wie es im Vertrag steht. Schreiben Sie mir bitte schnell, wie das zusammenhängt.

Hochachtungsvoll
Emerson J. Minnick

GENIUS INVENTIONS, INC.
1448 Bonanza Blvd.
Los Angeles, Calif.

21. Juni 1973

Mr. Emerson J. Minnick
R. F. D. 68
Petaluma, Calif.

Lieber Mr. Minnick,
ich bestätige den Eingang Ihres Schreibens vom 17. Juni 1973 und bedaure, feststellen zu müssen, daß Sie unsere Vertragsbedingungen mißverstanden haben. Offenbar ist Ihnen nicht klar, daß wir eine Anzahlung von $ 500,00 als Beweis für Ihre Ernsthaftigkeit und Zuverlässigkeit verlangen müssen. Sie werden verstehen, Mr. Minnick, daß wir nur mit verläßlichen, ernsthaften Leuten, die wirklich die Absicht haben, zu Ruhm und Reichtum zu gelangen, indem sie der Menschheit mit ihren Erfindungen helfen, in Geschäftsverbindung treten wollen. Wir halten Sie für jemand, auf den diese Definition zutrifft, und glauben, daß Sie fair genug sein werden, unsere Motive zu verstehen.

Außerdem können wir nicht beurteilen, welche Erfolgsaussichten Ihre Erfindung hat, bis sie von unserer Forschungs- und Entwicklungsabteilung geprüft worden ist. Und stellen Sie sich vor, was es kostet, eine Erfindung bei der Regierung der Vereinigten Staaten in Washington, D. C., zum Patent anzumelden! Und trotzdem ist das unumgänglich, damit niemand Ihre Arbeit stehlen und Ihre Erfindung nachbauen kann, ohne Ihnen einen Cent zu bezahlen! An allen diesen notwendigen Kosten sollen Sie durch den Vertrag beteiligt werden, was angesichts unserer eigenen Aufwendungen ohnehin nur einen kleinen Beitrag bedeutet. Sie bekommen selbstverständlich eine Quittung, und sobald die ersten Gewinne eingehen, erhalten Sie Ihr Geld zurück – eine Investition, die Sie nie bereuen werden.

Teilen Sie mir Ihre Entscheidung bitte umgehend mit, da wir unser besonders günstiges Angebot nicht unbegrenzt lange aufrechterhalten können.

Mit vorzüglicher Hochachtung
gez. John Wallen
(John Wallen)

Emerson J. Minnick
R. F. D. 68
Petaluma, Calif.

23. Juni 1973

Genius Inventions, Inc.
1448 Bonanza Blvd.
Los Angeles, Calif.

Lieber Mr. Wallen,
ich schicke Ihnen hiermit einen Scheck über $ 500,00 (fünfhundert) und einen unterschriebenen Vertrag und die Konstruktionspläne für meine Erfindung: das vollautomatische elektronische Huhn in Festkörperbauweise. Tut mir leid, wenn ich Sie durch meinen letzten Brief gekränkt habe, aber das war ein Mißverständnis meinerseits. Ich sehe jetzt natürlich ein, daß Sie völlig recht haben. Ich bin stolz und zufrieden, eine gute Firma wie Genius Inventions, Inc., als Partner zu haben, und möchte wetten, daß wir eines Tages beide froh sein werden, daß ich Ihre Anzeige im guten alten *Farm & Home Magazine* gelesen habe.

Ich hoffe, daß es Ihnen nicht schwerfallen wird, meine Pläne zu verstehen. Wie Sie sehen, produziert die Maschine Hühnereier, wenn Sie die angegebenen Zutaten in den Vorratsbehälter tun und das Gerät einschalten. Die meisten Zutaten bekommen Sie in einem Drugstore wie ich hier in Petaluma, aber das Kalzium gibt es, wo Futtermittel verkauft werden. Solche Geschäfte müßte es auch in Los Angeles geben. Ich kann das funktionierende Modell nicht schicken, weil es zu groß ist, deshalb berufe ich mich auf Artikel 6 des Vertrages, in dem steht, daß Ihre Forschungs- und Entwicklungsabteilung aus meinen Plänen ein Modell bauen wird, um es interessierten Firmen vorzuführen. Wie bereits erwähnt habe ich keine Fachausbildung, deshalb habe ich einfach Bilder von Widerständen, Transformatoren und so weiter aus dem *Radio & Electronics Magazine* ausgeschnitten, aufgeklebt und mit Strichen verbunden, die Drähte sein sollen. Hoffentlich ist das verständlich. Das kleine Rohr, wo ›Dottereinspritzung‹ steht, habe ich von einer Melkmaschine, und es ist aus Gummi, aber wahrscheinlich kann man auch ein Plastikrohr nehmen.

Nun, das war vorläufig alles, glaube ich, bis ich wieder von Ihnen höre.

Hochachtungsvoll
Emerson J. Minnick

GENIUS INVENTIONS, INC.
1448 Bonanza Blvd.
Los Angeles, Calif.

26. Juni 1973

Mr. Richard Sanders
Abteilung 16-L
Richardson Aerospace Center

Dick,
wir sind wieder im Geschäft, glaube ich. Ein Silberstreifen am Horizont, Baby! Der alte Rubel rollt noch, und ich habe heute morgen einen hübschen kleinen Scheck über 500 Dollar bekommen. Richtig, mein Junge, der Bauernlümmel ist auf den guten alten Vordruck 3378-A reingefallen – und wie! Seine Erfindung fällt in Dein Fachgebiet, deshalb verkörperst Du wieder einmal unsere Abteilung Forschung und Entwicklung, verstanden? Ich wollte Dich am Arbeitsplatz erreichen, deshalb gebe ich diesen Brief im Labor ab, anstatt ihn bei Dir zu Hause zu hinterlassen.

Und jetzt halt Dich fest, denn das Ding ist wirklich ein Schlager. Dieser Kerl bildet sich ein, eine Maschine erfunden zu haben, die *Eier* macht! Wie ein Huhn, Du weißt schon, aber ohne Huhn. Man kippt einfach die Zutaten in den Vorratsbehälter (eine Liste wird mitgeliefert), schaltet die Maschine ein und läßt sie Eier produzieren. Soviel ich seine Konstruktionspläne verstanden habe, macht sie alle 65 Sekunden ein Ei oder öfter, wenn man den Schalter von A auf AA oder sogar B dreht.

Ich schätze, daß dieser Gimpel für die Standardbehandlung reif ist, und dem ersten Eindruck nach ist er vielleicht so geduldig wie der Idiot, der sich eingebildet hat, einen Laser-Rasenmäher erfunden zu haben. Ich habe ihm geschrieben, daß die fünf Hunderter für die Patentanmeldung sind (interessieren diese Trottel sich eigentlich *nie* für die gesetzlichen Bestimmungen?), und bringe ihm als nächstes die Patentsuchgebühr bei. Er hat mir bereits einen Schritt abgenommen und selbst vorgeschlagen, wir sollten ein Modell seiner Erfindung bauen; ich möchte dir also schon jetzt raten, ein paar überzeugend aussehende Bauteile aus dem Labor zu klauen, wenn du nicht schon genügend in deinem Apartment hast.

Du solltest diese Pläne sehen, Dick! Sie sehen wie eine Mischung aus einer Pop-Art-Collage und dem Einklebebuch eines Schulmädchens aus, aber dafür bist Du zuständig, deshalb bringe ich sie heute abend mit, und wir unterhalten uns darüber. Ich bin dafür, daß wir wirklich ein Modell bauen, Dick. Ich brauche bestimmt noch eine Weile, bis ich den Kerl aus Elko, Nevada, vergesse, der eines abends da war und gemerkt hat, daß wir nur ein Gipsmodell für das Foto gebaut hatten. Der war wirklich unangenehm! Auf Wiedersehen bis heute abend.
Jack

Genius Inventions, Inc.
148 Bonanza Blvd.
Los Angeles, Calif.

28. Juni 1973

Mr. Emerson J. Minnick
R. F. D. 68
Petaluma, Calif.

Lieber Mr. Minnick,
gestatten Sie mir, Ihnen meine allerherzlichsten Glückwünsche auszusprechen. Dr. Sanders, der Leiter unserer Forschungs- und Entwicklungsabteilung, hat mir im Vertrauen mitgeteilt, daß Ihre Erfindung einen Durchbruch erster Ordnung darstellt und die Nahrungsmittelindustrie revolutionieren kann. Unsere Konstruktionsabteilung ist damit beschäftigt, ein funktionierendes Modell zu bauen, das interessierten Firmen in ganz Amerika vorgeführt werden kann. Wegen der ungewöhnlichen Baupläne war es nötig, einen beratenden Ingenieur hinzuzuziehen, um sie zum Zweck der Patentanmeldung konventionell umzeichnen zu lassen. Dafür sind uns $ 300,00 in Rechnung gestellt worden. Ich kann Ihnen erfreulicherweise mitteilen, daß unsere Patentanmeldung befürwortet worden ist; sobald unsere Filiale in Washington die offizielle Patentsuche

fertiggestellt hat (wofür die nominelle Standardgebühr von $ 200,00 erhoben wird), dürften in dieser Beziehung keine Schwierigkeiten mehr zu erwarten sein.

Noch eine Kleinigkeit, Mr. Minnick. Während der Leiter unserer Forschungs- und Entwicklungsabteilung sofort erkannt hat, wie genial Ihre Erfindung ist, haben wir bei weniger begabten Erfindern leider schon mehrmals die Erfahrung machen müssen, daß die Modelle, die wir für sie gebaut haben, nicht funktioniert haben. Wir sind deshalb gezwungen, im voraus eine Anzahlung zu verlangen, die die Kosten für Material und Bau des Modells deckt. Bitte verstehen Sie, daß das keineswegs bedeutet, daß wir kein Vertrauen zu Ihrer Erfindung haben – es ist nur eine notwendige Abwehrmaßnahme, mit der wir uns vor unpraktischen Erfindern schützen, die uns im Gegensatz zu Ihnen mit fantastischen Ideen Geld und Zeit stehlen. Da Ihre Erfindung so eindeutiges Potential zeigt, habe ich bei unserem Finanzchef durchgesetzt, daß die Anzahlung in Ihrem Fall auf den minimalen Betrag von $ 500,00 verringert wird, womit Sie bestimmt einverstanden sein können.

Wie Sie aus beiliegender Aufstellung ersehen, machen diese drei Teilbeträge genau tausend Dollar aus. Wir hoffen, bald Ihren Scheck über den Gesamtbetrag zu erhalten, damit wir die Weiterentwicklung Ihrer wunderbaren Erfindung mit voller Kraft vorantreiben können.

Mit vorzüglicher Hochachtung
gez. John Wallen
(John Wallen)

Emerson J. Minnick
R. F. D. 68
Petaluma, Calif.

2. Juli 1973

Genius Inventions, Inc.
1448 Bonanza Blvd.
Los Angeles, Calif.

Lieber Mr. Wallen,
ich freue mich über das Vertrauen, das Sie mir erwiesen haben, indem Sie soviel Ihrer kostbaren Zeit für meine Erfindung geopfert haben. Aber ich habe Ihnen ja gesagt, daß sie gut ist. Ich bin etwas

überrascht, daß es soviel kostet, meine Maschine unten bei Ihnen zu bauen, da ich hier selbst eine für $ 45,00 (fünfundvierzig) und einige Teile aus einem alten Transistorradio gebaut habe, aber in L. A. ist wohl alles teurer als in Petaluma. Ich bin noch nie an einem richtigen Patent beteiligt gewesen und sehr froh, daß es damit geklappt hat. Ich schicke Ihnen einen Scheck über tausend Dollar und eine kleine Flasche mit frischgelegtem Aroma. Gießen Sie etwas davon in den Vorratsbehälter, wenn die Maschine Eier macht, und legen Sie die Eier vor dem Verzehr eine Woche lang in den Kühlschrank. Danach werden Sie den Unterschied merken! Teilen Sie mir bitte mit, wie alles vorankommt, da es mir darum geht, endlich zu kassieren.

Hochachtungsvoll
Emerson J. Minnick

Richardson Aerospace
Abtlg. 16-L

Liebes Obergenie,
wie ich höre, hast Du inzwischen den Tausender aus dem Bauernlümmel rausgelockt. Gut gemacht! Noch ein paar von seiner Sorte, dann könnten wir diese Gelegenheitsarbeit aufgeben und hauptberuflich anfangen . . . im Mittleren Westen inserieren und so weiter. Dort muß es solche Typen in Massen geben.

Mein Abteilungsleiter ist ein bißchen mißtrauisch, deshalb habe ich noch nicht alle Teile für die Elektronische Leghenne zusammen. Weißt Du, als ich mich etwas näher mit dem Schaltplan befaßt habe, ist mir aufgefallen, daß das Ding auf verrückte Weise logisch zu sein scheint, deshalb will ich es aus Witz so bauen, wie er es gezeichnet hat. Es war nicht ganz leicht, das Gußteil für die Eierform zu beschaffen, aber ein Freund, der drüben bei Leichtmetalle arbeitet, hat es mir in der Mittagspause gegossen, so daß auch dieses Problem aus der Welt geschafft ist. Wir haben dem Kerl soviel abgeknöpft, daß wir seine Maschine lieber genau nach Plan bauen. Dann kann er nicht meckern, wenn sie nicht funktoniert, stimmt's?

Bring heute abend ein paar Dosen Bier mit, damit wir in Ruhe darüber quatschen können. Ich habe die Stromkreise bisher konventionell aufgebaut, aber vielleicht nehme ich doch gedruckte Schaltungen — das sieht professioneller aus, und der Kerl glaubt wahrscheinlich, daß die Herstellungskosten höher waren. Wir sehen uns also heute abend.

Dick

P. S.

Am tollsten finde ich seine Idee, Eier mit Geschmack zu produzieren. Kannst Du Dir das vorstellen? »Was darf's heute morgen sein, Sir? Pistazieneier oder Vanillegeschmack?« Puh!

GENIUS INVENTIONS, INC.
1448 Bonanza Blvd.
Los Angeles, Calif.

6. Juli 1973

Mr. Emerson J. Minnick
R. F. D. 68
Petaluma ,Calif.

Lieber Mr. Minnick,
wir freuen uns, Ihnen mitteilen zu können, daß die Patentsuche in Unterlagen der US-Regierung keinen früheren Antrag auf Erteilung eines Patents für ein vollautomatisches elektronisches Huhn in Festkörperbauweise zutage gefördert hat, so daß wir Ihre Erfindung jetzt zum Patent anmelden können.

Dr. Sanders, der Leiter unserer Abteilung Forschung und Entwicklung, hat mich informiert, daß das arbeitsfähige Modell inzwischen fast fertig ist und daß seine Abteilung morgen die ersten Versuche damit unternehmen will. Da wir in dieser Beziehung keine Schwierigkeiten erwarten, müssen wir uns jetzt mit dem Vertrieb Ihrer Erfindung befassen.

Unsere PR- und Werbeabteilung hat dafür einen vorläufigen Plan ausgearbeitet und schlägt unter anderem eine offizielle Enthüllung vor, zu der Pressevertreter und führende Industrielle eingeladen würden. Wie Sie aus dem beiliegenden Kostenvoranschlag ersehen, betragen die Aufwendungen dafür weitere $ 700,00. Unserem Vertrag nach ist die Firma GENIUS INVENTIONS, INC., nicht verpflichtet, Werbe- und Vertriebskosten unerprobter Erfindungen zu übernehmen, so daß wir Sie bitten, uns einen Scheck über diesen Betrag zukommen zu lassen.

Unser PR-Direktor hat mich gebeten, Sie eindringlich davor zu warnen, zu dieser Vorstellung Ihrer Erfindung nach Los Angeles zu kommen oder auf eigene Faust bekanntzumachen, daß Sie der Erfinder der Elektronischen Leghenne sind. Wie Sie zweifelsohne wissen, gibt es im Geschäftsleben zahlreiche skrupellose Elemente, und gewisse Kreise würden weder vor Körperverletzung noch vor Schlimmerem zurückschrecken, um Sie daran zu hindern, Ihre Erfindung auszuwerten. Wir bei GENIUS INVENTIONS, INC., fühlen uns verpflichtet, unsere Partner vor solchen Elementen zu schützen und Ihnen diese Risiken abzunehmen.

Unsere Werbeabteilung hat eine Broschüre mit Illustrationen, Skizzen und einem witzigen, informativen Text von einem der besten Werbetexter zusammengestellt, von der wir überzeugt sind, daß sie einen wertvollen Beitrag zur Verkaufsförderung leisten würde. Obwohl wir Sie keineswegs drängen wollen, finden wir, daß die zusätzlichen $ 400,00 für den Druck dieser Broschüre gut angelegt wären. Sollten Sie sich dafür entscheiden, erhalten Sie die Belegexemplare sofort nach Auslieferung zugeschickt.

Mit bestem Dank im voraus für Ihr Verständnis und den Scheck verbleibe ich

Mit vorzüglicher Hochachtung
gez. John Wallen
(John Wallen)

GENIUS INVENTIONS, INC.
1448 Bonanza Blvd.
Los Angeles, Calif.

9. Juli 1973

Dick,
ich hinterlasse diese Nachricht in Deiner Wohnung, weil Du vorhin nicht im Labor warst. Alles hat prima geklappt. Er hat gar keinen Brief geschrieben, sondern nur einen Scheck geschickt – *inklusive* der Broschüren. Elfhundert Mäuse auf einmal! Ich fahre gleich in die Stadt, um ihn einzulösen, bevor er sich etwa verflüchtigt. Dann gehe ich zu dem kleinen Drucker, der schon ein paarmal für uns gearbeitet hat, und lasse ihn ein Dutzend dieser Broschüren und ein paar falsche Zeitungsartikel drucken. Damit ist er bestimmt eine Weile glücklich.

Ich glaube allerdings, daß wir uns bald überlegen müssen, wie wir den Rückzug antreten wollen. Mir persönlich gefällt die Masche, die wir bei der Erfinderin mit den Wegwerf-Salatschüsseln benützt haben, fast am besten. Du weißt schon, Dick: Wir behaupten, einen Forschungsauftrag von der Regierung erhalten zu haben und nicht mehr privat arbeiten zu dürfen, so daß wir dieses lohnende Projekt leider aufgeben müssen – und ihm unseren Anteil ganz billig ablassen. Ich schätze, daß aus dem Kerl noch ein Tausender herauszuholen ist, besonders wenn wir ein paar begeisterte Anfragen auf den Briefbögen von ›Industriellen‹ produzieren, die wir noch aus der Zeit haben, als wir Schlagertexter betreuten.

Andererseits wäre es vielleicht besser, das Risiko möglichst gering zu halten (vielleicht ist er der gewalttätige Typ) und ihm einfach mitzuteilen, daß sein Geistesblitz nicht funktioniert. Am besten läßt Du Dir die Sache durch den Kopf gehen und rufst mich dann an, denn ich will ihm schreiben, bevor er sich wundert, wohin sein ganzes Geld verschwunden ist.

Jack

Richardson Aerospace
Abtlg. 16-L

10. Juli 1973

Jack,

Du hast mich nicht im Labor angetroffen, weil ich den ganzen Tag unterwegs war, um mir die Nase zu begießen, was mich beinahe meinen Job gekostet hätte. Ich hab's nur mit Mühe und Not geschafft, *heute* morgen zur Arbeit zu kommen. Mein Abteilungsleiter beobachtet mich mißtrauisch, so daß ich vorgeben muß, an einem Plan zu arbeiten, aber ich *muß* Dir schreiben, weil ich das nicht am Telefon mit Dir besprechen kann.

Paß gut auf, Jack: Du darfst unsere Rechte an der gesegneten Elektronischen Leghenne auf keinen Fall, *auf keinen Fall,* AUF KEINEN FALL verkaufen, weil das verdammte Ding wirklich funktioniert. Ich weiß, was Du jetzt sagen wirst, Jack, aber ich habe mich erst *nachher* vollaufen lassen, nicht schon vorher. Nachdem du weggefahren warst, nachdem wir über diesen Minnick und seine verrückte Idee gelacht hatten, habe ich seine Maschine aus Witz fertiggebaut. Gegen zwei Uhr morgens war alles komplett, und ich konnte der Versuchung nicht widerstehen, sondern habe die Zutaten in den Vorratsbehälter getan und das Gerät eingeschaltet. Stell dir vor, die Maschine hat tatsächlich ein Ei produziert! Eines nach dem anderen, bis der Behälter leer war. Über ein Dutzend innerhalb einer Viertelstunde!

Ich habe mir die Konstruktion nochmals angesehen und weiß ungefähr, wie das Ding funktioniert. Ich verstehe allerdings noch immer nicht, wie die Kalziumdüse die Eierschale herstellt – und dabei habe ich die Maschine selbst zusammengebaut! Jedenfalls *funktioniert* sie. Ich habe heute morgen zwei Eier zum Frühstück gegessen, und sie haben prima geschmeckt. Nicht nur das, Jack – wir könnten mit einer anderen Gußform ebensogut quadratische Eier machen. Oder riesengroße oder bunte Eier ... als Sonderangebot für Ostern. Sogar Eier mit Aroma, wie er vorgeschlagen hat. Die Schokoladenidee ist natürlich nichts, aber was hältst du von russischen Eiern fertig in der Schale? Die Möglichkeiten sind unbeschränkt, Mann! Und das schönste daran ist, daß wir ein paar dieser Maschinen gleich hier in L. A. aufstellen können – in irgendeiner alten Garage oder so. Dann verkaufen wir direkt an Supermärkte, ohne uns mit einer Hühnerfarm herumärgern zu müssen. Und uns gehört die Hälfte aller Gewinne!

Du weißt bestimmt noch, daß wir uns einmal darüber unterhalten haben, was wir tun würden, wenn einer dieser Verrückten tatsächlich eine brauchbare Idee hätte. Jetzt müssen wir etwas unternehmen, Jack. Dafür bist Du zuständig, deshalb machst Du Dich am besten gleich an die Arbeit. Wie ich die Sache sehe, haben wir die Wahl zwischen zwei Möglichkeiten:

Wir können versuchen, ihn davon zu überzeugen, daß seine Erfindung nichts taugt, und ihn dazu bringen, uns seinen Anteil zu verkaufen. (Da die Maschine aber funktioniert, läßt er sich wahrscheinlich nicht darauf ein.) Oder wir werden selbst Industrielle, kaufen die Herstellungsrechte auf (unsere *und* seine unter dem Namen irgendeiner Scheinfirma) und fangen an, Eier zu produzieren.

Kannst Du Dir vorstellen, wie viele Eier täglich allein in L. A. verzehrt werden, Jack? Diese Zahl multiplizierst Du mit drei Cent pro Ei, weil wir dann die hiesigen Hühnerfarmen weit unterbieten, ziehst einen Viertel Cent Herstellungskosten pro Ei ab (das kommt ungefähr hin) und multiplizierst das Ergebnis mit einem Produktionszentrum in jeder Großstadt ... Mann, das ist eine Wucht!

Mach Dich also an die Arbeit – versuche herauszubekommen, ob er seinen Anteil verkaufen will, und wenn er nicht anbeißt, probieren wir die andere Masche. Großer Gott, die Hälfte gehört ohnehin legal uns, so daß wir schlimmstenfalls ehrlich teilen können und trotzdem nie wieder zu arbeiten brauchen.

Bring heute abend eine Flasche Champagner mit — nein, gleich eine Kiste —, damit wir feiern können!

Diamanten-Dick Sanders

P. S.

Ich stelle heute abend ein Dutzend Eier mit dem frischgelegten Aroma her, das er geschickt hat (es riecht wie Lebertran, aber ich habe mir geschworen, ihm nie mehr zu widersprechen), und lasse sie mit einigen Kontrolleiern eine Woche im Kühlschrank, wie er gesagt hat. Wenn diese Eier nach einer Woche wie frisch von der Hühnerfarm schmecken, ist die Sache noch großartiger, als ich bisher gedacht habe.

GENIUS INVENTIONS, INC.
148 Bonanza Blvd.
Los Angeles, Calif.

10. Juli 1973

Dick,

das muß ein schlechter Witz sein! Wenn Du mich hereinlegen wolltest, kannst Du Dich auf einiges gefaßt machen ... Außerdem schreibe ich ihm keinen Brief, bevor ich nicht mit eigenen Augen *gesehen* habe, wie das Ding Eier produziert — und bis ich eines gegessen habe. Ich war heute abend eigentlich verabredet, aber ich habe eine dringende Besprechung vorgeschützt, so daß ich in Deinem Interesse nur hoffen kann, daß das Dein Ernst war.

Falls das Ganze kein Witz ist, halte ich es für keine gute Idee, den Versuch zu machen, dem Kerl seine Erfindung abzukaufen, weil ihn das nur mißtrauisch machen würde. Ich bin dafür, daß wir die zweite Möglichkeit probieren: Aufkauf durch eine Scheinfirma. Ich habe noch Briefbögen der ›Apex Marketing Corporation‹, die für diesen Zweck genügen müßten. Ich fange mit einem ziemlich niedrigen Angebot an und lasse ihn mehr verlangen, damit er sich für einen gerissenen Geschäftsmann halten kann. Falls die Sache wirklich etwas taugt, könnten wir unseren Herzen vielleicht einen Stoß geben und ihm ein ehrliches Angebot machen.

Jedenfalls sehen wir uns heute abend, und wenn Du mich an der Nase herumgeführt hast, bekommst du die Flasche über den Schädel!

Jack

Emerson J. Minnick
R. F. D. 68
Petaluma, Calif.

14. Juli 1973

Genius Inventions, Inc.
1448 Bonanza Blvd.
Los Angeles, Calif.

Lieber Mr. Wallen,
ich bestätige hiermit den Empfang Ihres Briefes vom 11. Juli 1973. Ich freue mich, daß Sie alles so gut hingekriegt haben und daß die Großindustrie an meiner Erfindung interessiert ist. Ich habe Ihnen ja gleich gesagt, daß sie ein todsicherer Schlager ist. Sie schreiben, daß diese Firma Apex $ 10 000 für einen Lizenzvertrag mit zehnjähriger Laufzeit bietet, aber meine Hälfte wären nur $ 5000, und ich habe schon fast $ 3000 ausgegeben, und Sie haben bestimmt auch große Unkosten gehabt, so daß ich der Meinung bin, wir sollten mehr verlangen oder einen anderen Käufer finden. Da ich mein ganzes Geflügel und ein Stück Land verkaufen mußte, um das Geld aufzubringen, möchte ich selbst mindestens $ 10 000 erzielen. Können Sie dafür sorgen, daß ich mindestens soviel bekomme?

Ihre Frage kann ich mit ja beantworten. Ich verkaufe diese Eier seit ungefähr einem halben Jahr durch einen hiesigen Großhändler. Ich nehme an, daß die meisten in San Francisco abgesetzt werden.

Ich hoffe, bald von Ihnen zu hören, weil ich das Geld rasch brauchen könnte.

Hochachtungsvoll
Emerson J. Minnick

Richardson Aerospace
ABtlg. 16-L

17. Juli 1973

Jack,
hier geht etwas verdammt Komisches vor, und ich glaube, es wäre besser, wenn Du heute abend zu mir herüberkommen würdest. Erinnerst Du Dich an die Eier, denen ich Minnicks Aroma zugesetzt habe? Nun, als ich gestern abend den Kühlschrank zugemacht habe, ist mir aufgefallen, daß das Licht dabei nicht ausgegangen ist. Das klingt verrückt, aber normalerweise sieht man die Innenbeleuchtung noch ausgehen – der Lichtschein verschwindet –, bevor die Tür ins

Schloß fällt. Sonst achte ich eigentlich nie darauf, aber diesmal ist mir eine Veränderung aufgefallen, verstehst Du? Und dann habe ich kapiert, daß das Licht nicht ausgegangen war.

Ich habe die Tür geöffnet und mehrmals auf den kleinen Knopf gedrückt, aber das Licht hat unabhängig von der Schalterstellung weitergebrannt. Ich wollte nicht allzu lange bei offener Kühlschranktür arbeiten, weil sich das Schrankinnere sonst erwärmt, sondern habe ein Meßgerät von meinem Arbeitstisch geholt, um zu prüfen, ob der Schalter irgendwie überbrückt war. Stell Dir vor, ich habe tatsächlich ein starkes elektrisches Feld – eigentlich müßte ich elektromagnetisches sagen – entdeckt, das in der Nähe eines Kühlschranks nichts zu suchen hat. Kannst Du Dir denken, woher es stammt? Es kommt von den Eiern, mein Junge. Ich weiß, daß Du mich jetzt für übergeschnappt hältst, aber diese Eier erzeugen tatsächlich ein Feld, das die Lampe brennen läßt; davon kannst Du Dich selbst überzeugen.

Und das ist noch nicht alles! Ich hatte die neuen Eier mit Fettstift gekennzeichnet, und die Eier, die das Feld abstrahlen, sind natürlich die, denen ich den Aromastoff zugesetzt habe. Wir hätten die ganze Sache besser prüfen müssen, Jack, bevor wir dem Kerl das viele Geld gezahlt haben. Ich konnte der Versuchung jedenfalls nicht widerstehen, sondern habe ein Ei herausgenommen, den Kühlschrank geschlossen – der Teufel sollte das Licht holen – und das Ei über einer Schüssel aufgeschlagen. Jack, es ... nein, das mußt Du mit eigenen Augen sehen, sonst glaubst Du, ich litte an *Delirium tremens* oder sonstwas. Ich möchte wetten, daß dieses Ding fast reif zum Ausschlüpfen war, und ich habe einen winzigen Sender entdeckt, der ... nein, das mußt Du Dir selbst ansehen, *dann* können wir darüber reden. Ich habe das Ding in einem Glas Wodka konserviert, aber mir läuft ein kalter Schauer über den Rücken, wenn ich es nur ansehe. Ich erwarte Dich gegen sechs Uhr.
Dein völlig nüchterner
Dick

Mitteilung auf einem zusammengeknüllten Zettel, der von Hausmeister Nathan Bathurst auf dem Boden gefunden wurde, während Nachforschungen wegen des plötzlichen Verschwindens des Mieters von 126-B angestellt wurden:
Jack, ich schreibe dies zwischendurch, wenn sie gerade nicht hersehen. Ich werde versuchen, es unter der Tür nach draußen zu schie-

ben, und falls Du den Zettel findest, darfst Du unter keinen Umständen hereinkommen, um Gottes willen, komm nicht herein, Jack, sondern verständige sofort die Polizei oder sonst jemand. Sie haben mir aufgelauert, als ich nach Hause gekommen bin; vier von ihnen waren bereits ausgeschlüpft und hatten irgendwie die Tür von innen geöffnet und waren herausgekommen. Jack, sie stammen von einem Planeten, auf dem es kalt und dunkel ist, und das Licht und die Kälte im Kühlschrank sind die Voraussetzungen, die sie zum Ausschlüpfen brauchen, deshalb mußt Du als erstes den Stecker rausziehen, Jack, und alle Eier zerschlagen oder verbrennen. Jack, sie haben Minnick kontrolliert, deswegen mußt Du jemand zu ihm schicken, und ich weiß nicht, wie viele andere ...

Text auf der *Innenseite* einer Eierschale, der von Mrs. Cecelie Patterson, 426 La Vista Drive, Los Angeles, Calif., beim Kuchenbacken entdeckt wurde:

HILFE! WIR WERDEN IN EINER EIERFABRIK GEFANGENGEHALTEN. MANCHE DER EIER ENTHALTEN LEBEWESEN VON EINEM ANDEREN PLANETEN, DIE ALLE MENSCHEN UMBRINGEN WOLLEN. WENN DAS LICHT IN IHREM KÜHLSCHRANK DAUERND BRENNT, MÜSSEN SIE ALLE EIER ZERSCHLAGEN, BEVOR'S ZU SPÄT IST! DIES IST KEIN WITZ ODER EIN WERBEGAG. SIE SIND SEHR GEFÄHRLICH, UND WER DIES LIEST, MUSS DIE POLIZEI VERSTÄNDIGEN.

HANK DAVIS

Raumfahrt tut not

Sobald der UN-Hubschrauber außer Sicht war, traf mich etwas am Kinn: ein gutgezielter Kinnhaken. Ich setzte mich in den warmen Sand und sah mich um, vor wem ich weglaufen sollte und wohin ich weglaufen konnte, weil ich nicht der heroische Typ bin. Aber soweit das Auge reichte, waren nur die junge Frau und die Wüste zu erkennen, und ich hatte keine Lust, vor ersterer zu fliehen, und wußte nicht, wo ich mich in letzterer hätte verstecken können.

»Das war meine Schuld«, sagte die junge Frau. »Ich wollte es nicht, aber ich kann nicht behaupten, daß es mir leid tut.« Ihr Akzent klang englisch.

Ich berührte meine Zungenspitze mit dem Zeigefinger, stellte fest, daß ich noch keine neue brauchte, und stand langsam auf. Ich überlegte mir, ob ich etwas weiter von ihr zurücktreten sollte, aber sie war fünf Meter von mir entfernt gewesen, als ich den Kinnhaken verpaßt bekam. Ich beschloß, ihr zumindest nicht näher zu kommen. »Sie sind Jevica, nehme ich an«, murmelte ich. »Sie haben erstaunlich lange Arme. Länger als sie aussehen.«

»Mein Schutzgeist hat Sie niedergeschlagen. Er reagiert manchmal zu schnell auf meine Gefühle.« Sie sah zum Himmel auf. »Besonders auf starke Gefühle.«

»Sehr starke«, bestätigte ich. »Mindestens acht oder neun Pfund. Nur ein Glück, daß Sie keine starken Gefühle gehabt haben, solange ich noch hundert Meter hoch in der Luft war.«

Sie hätte die Wolken beobachten können, wenn es welche gegeben hätte. »Nein, diese Gefahr hat nie bestanden, Mr. Rierson. Solange ich auf dem Erdboden bin, kann er sich ebenfalls nicht in die Luft erheben. Und das Metall Ihres Hubschraubers hätte ihn gestört.«

»Ich hätte doch eine Ritterrüstung anziehen sollen.« Ich ertappte mich dabei, wie ich mein Kinn betastete, um festzustellen, ob es noch ganz war, und ließ die Hand sinken. Das hätte sich in einem

Film gut gemacht, aber diesmal waren zur Abwechslung keine Kameras da. Nur ich und die junge Frau. Und ihr unsichtbarer Freund, der wahrscheinlich der Geist John L. Sullivans war.

Ich folgte ihrem Beispiel und sah zum Himmel auf. Das war nicht gut für mein Kinn. Ich mußte etwas sagen, damit sie nicht glaubte, mein Kinn täte mir weh. Ich versuchte es mit: »Schönen blauen Himmel haben Sie hier in Australien.«

»Sehr blau. Im Landesinnern regnet es nur wenig. Und Erdbeben sind sehr selten.«

Dagegen ließ sich nicht viel sagen. Ich beobachtete sie aus dem Augenwinkel heraus und bemühte mich, ein harmloses Gesicht zu machen. Es hatte schließlich keinen Zweck, sich niederschlagen zu lassen, wenn ihr unsichtbarer Beschützer mit der knallharten Rechten – oder vielleicht war es eine Linke gewesen; das konnte ich nicht beurteilen – die Ehre seiner Herrin selbst vor harmlosen UN-Vertretern schützen wollte. Und ich konnte die UNO kaum würdig vertreten, wenn ich mich ständig im Sand wälzte.

Sie reichte mir nur bis zur Schulter, aber meine Schulter befindet sich 170 cm über der Fläche, auf der ich jeweils stehe – in diesem Fall feiner Sand. Ihre Kleidung war praktisch und den hiesigen Verhältnissen angepaßt: Khakihemd, Hose, Stiefel. Diese praktischen Kleidungsstücke waren mit eigenartigen Symbolen geschmückt, die vielleicht ebenfalls einen praktischen Zweck hatten. Die junge Frau trug ihr kurzgeschnittenes Haar grüngefärbt und zu ihrem Lippenstift passend, wie es augenblicklich Mode war. Oder war das Haar gar nicht gefärbt?

Schließlich war sie eine Hexe.

Da ich sie angestarrt hatte, ohne niedergeschlagen zu werden, riskierte ich eine weitere witzige Bemerkung. »Wenn ich wüßte, was als nächstes kommt, würde ich vielleicht gleich wegrennen. Wollen Sie mir nicht wenigstens einen kleinen Hinweis geben?«

»Weitertransport«, sagte sie.

»Einen Besen für zwei Personen?«

»Einen Hubschrauber. Unseren.«

»Ich dachte, Ihr durchsichtiger Freund hätte etwas gegen Metall?«

»Der Hubschrauber ist nicht aus Metall.«

»Aus Holz, was?«

»Ja.«

»Uff!« rief ich verblüfft aus. Ich wünschte mir, sie hätte mich dreimal raten lassen, um den Schock zu mildern. »Treibstoff bekommen Sie wahrscheinlich, indem Sie Wasser in Benzin verwandeln?«

»Hier draußen ist Wasser kostbarer als Benzin. Aber wir haben keine Treibstoffsorgen. Deshalb war die Blockade wirkungslos.« Sie zeigte nach oben. »Jetzt müßten Sie ihn eigentlich schon sehen können.«

Obwohl ich wie sie zum Himmel aufblickte, sah ich noch kein Flugzeug, weil ich mich unbewußt auf mein Gehör verlassen hatte. Ich war keine Hubschrauber gewohnt, die eher zu sehen als zu hören waren. Aber dieser hier war außergewöhnlich leise.

Ich beobachtete, wie er näher kam, bis das vertraute wumpwump der Rotorblätter deutlich zu hören war. Sekunden später setzte der Hubschrauber in einer Sandwolke auf. Ich bedeckte meine Augen mit einer Hand und wartete darauf, daß der aufgewirbelte Sand sich daran erinnerte, daß er eigentlich unter meine Füße gehörte. Zwischendurch riskierte ich einen Blick zu Jevica hinüber. Sie stand unbeweglich und mit offenen Augen da. Entweder hatte sie zusätzlich durchsichtige Lider oder ihr Beschützer machte ihr das Leben leichter.

Der Hubschrauber schien tatsächlich aus Holz zu sein. Ich sah einen langen schmalen Zylinder am Ende der nur noch langsam laufenden Rotorblätter: offenbar ein veraltetes Modell mit Düsentriebwerken am Ende der Drehflügel. Dann fiel mir ein, daß die Rotorblätter ebenfalls aus Holz bestanden, und ich fragte mich, was die rotglühenden Triebwerke daran hinderte, einfach abzufallen.

Da der Rotor aus leichtem Holz bestand, verringerte seine Drehzahl sich rasch. Als wir einsteigen wollten, konnte ich die Rotorenden deutlich sehen. Ich starrte sie an.

»Wir können den Rotor ganz zum Stillstand bringen, wenn Sie ihn aus der Nähe sehen möchten«, erklärte Jevica mir.

»Nein, danke«, wehrte ich hastig ab. »Ich bedaure, daß ich ihn überhaupt gesehen habe.«

Die Dinger, die ich für Düsentriebwerke gehalten hatte, waren massive Holzstangen an den Enden der vier Rotorblätter.

»Besenstiele, nicht wahr?« fragte ich. »Den eigentlichen Besen können Sie wahrscheinlich weglassen, weil damit nichts zusammengekehrt werden muß.« Als sie keine Antwort gab, fügte ich hinzu: »Das ist vermutlich bequemer, nehme ich an.«

»Auch stabiler«, fügte sie hinzu. »Und sicherer, falls das Triebwerk aussetzt.«

Ich erfuhr dauernd Dinge, die ich nicht hören wollte. Aber ich beschloß, diese Mitteilung stoisch aufzunehmen. Ich folgte ihr in die Maschine, falls man diese Konstruktion überhaupt als Maschine bezeichnen konnte, und setzte mich. Die Sitze waren aus Holz, ungefedert, aber zum Glück gepolstert. Ich sah mir die Pilotin an; sie schien auch gepolstert zu sein.

Ich hatte das Gefühl, lange genug stoisch gewesen zu sein. »Aussetzt?« fragte ich rasch, damit meine Stimme sich nicht überschlagen konnte.

»Sollten wir über geweihten Boden fliegen«, sagte Jevica, »würde der Zauber aussetzen, bis wir diesen Ort hinter uns hätten. In diesem Fall würden jedoch die neutraleren Naturgesetze weiterhin gelten — und die Autorotation würde einen Absturz verhindern.«

Der Holzrotor drehte sich jetzt schneller und quietschte dabei unangenehm. Ich konnte mir vorstellen, daß Holz schwer zu schmieren war. Als das Quietschen zu einem hohen Summen wurde, stellte ich rasch die nächste Frage, solange wir noch nicht in der Luft waren: »Könnten Sie diesen Orten nicht einfach ausweichen? Wäre es nicht besser, sie als Hindernisse in eine Karte einzuzeichnen und danach zu fliegen?«

»Dieser Planet ist alt, Mr. Rierson. Zu viele Orte sind irgendwann geweiht worden und später in Vergessenheit geraten. Aber hierzulande ist diese Gefahr gering. Die Weißen haben hier nicht viele Stellen geweiht, und die Überlieferung der Eingeborenen besagt, daß fremder Zauber stärker als selbstgemachter ist. Der Hubschrauber ist mit einem Schiff aus Kanada hergebracht worden. Sie brauchen wirklich keine Angst zu haben.«

Wir waren inzwischen gestartet. Ich überlegte, ob ich beten sollte, aber dann fiel mir ein, daß ich das in *dieser* Maschine besser unterließ. Ich beobachtete die Pilotin und zwang mich dazu, beruhigende Kompetenz am Werk zu sehen.

Sie trug wie Jevica schlichtes Khaki mit farbigen Hieroglyphen. Soviel ich als Laie beurteilen konnte, tat sie das gleiche wie jeder andere Hubschrauberpilot. Der Antrieb war vielleicht etwas unorthodox, aber die Steuerorgane schienen konventionell zu sein, obwohl sie zum größten Teil aus Holz bestanden. Sie schien zu merken, daß ich sie beobachtete, denn sie sah kurz zu mir hinüber. »Sie sind Rierson. Sie sind ein Idiot«, stellte sie ausdruckslos fest.

Ich hoffte, daß *ihr* Schutzgeist nicht über mich herfallen würde. »Ich vertrete nur die . . .«

»Nein, das meint sie nicht«, unterbrach Jevica mich. »Sie sind der einflußreichste Mann im Bürgerkomitee für vernünftige Raumforschung. Sie und Ihre Leute glauben, daß die einzigen vernünftigen Raumflüge keine Raumflüge sind, Punktum. Deshalb tut Ihnen jetzt das Kinn weh.«

Ich begegne oft Leuten, die auf das BVR wütend sind, aber ich hatte nicht erwartet, hier welche zu treffen. Die beiden mochten Hexen sein – ich reagierte trotzdem automatisch mit meiner Standarderwiderung: »Die drängenden Probleme, denen wir uns auf der Erde gegenübersehen, lassen . . .«

»Wir werden Ihnen bald ein Problem auf diesem Planeten vorführen, dessen Existenz Sie nicht einmal geahnt haben, Mr. Rierson. Warten Sie's nur ab!«

Ich hockte hundert Meter über der Wüste, wurde von verzauberten Drehflügeln aus Holz getragen und wartete.

Daß ich dort saß, verdankte ich den UN-Computern, die ich bis zu diesem Zeitpunkt für fantastische Maschinen gehalten hatte. Sie waren für unsere übervölkerte und unterernährte Welt geradezu unersetzlich. Sie fraßen ganze Lkw-Ladungen scheinbar unzusammenhängender Informationen in sich hinein und entdeckten Querverbindungen, die ihre Erbauer nicht mehr wahrgenommen hätten. Sie hatten uns mitgeteilt, wo Hexen zu finden waren.

Das hätten wir ignorieren können. Angesichts einer Weltbevölkerung, die sich der Siebenmilliardengrenze näherte, was kein Grund für Freudentänze auf den Straßen war, wenn die Straßen nicht ohnehin schon viel zu überfüllt gewesen wären, waren ein paar Hexen nicht sonderlich interessant. Aber die Computer behaupteten, sie hielten in Australien etwas versteckt, das für die Weltsicherheit wichtig sei. Deshalb wurden diplomatische Verhandlungen aufgenommen. Mit Hexen.

Zum Glück hatte ich nicht die ersten Verbindungen anknüpfen müssen. Aber mein Glück hatte nicht lange vorgehalten. Die Hexen hatten ausdrücklich nach mir verlangt. Jetzt war ich unterwegs, um das große Geheimnis zu besichtigen. In einem quietschenden Hubschrauber.

Wir gingen tiefer, aber ich sah nichts Interessantes unter uns. Die Wüste erinnerte mich an den uralten Film *Lawrence von Arabien*. Ich klopfte — nicht auf Holz, sondern gegen die Glasscheibe, durch die ich blickte. Ich drehte mich nach Jevica um und fragte: »Glas stört Ihren Schutzgeist wohl nicht?«

»Nein, Glas ist in Ordnung«, stimmte sie zu.

Wir setzten auf. Aus der Luft hatte der Landeplatz wie jedes andere Stück Wüste ausgesehen. Als die aufgewirbelte Sandwolke sich verzog, standen wir neben einem großen zeltartigen Gebäude, das ebenso unübersehbar war wie ein Dinosaurier in einem Froschteich. Hexen!

Wir stiegen aus: die Hexe, der Schutzgeist und ich. »Ausziehen«, befahl sie mir energisch.

Ich hatte sie deutlich verstanden. Trotzdem fragte ich: »Wie bitte?«

»Kleidungsstücke sind nicht immer Kleidungsstücke. Sie lassen Ihre hier und tragen unsere.«

Ich war sehr unglücklich, weil das bedeutete, daß ich meinen Kaugummi in der Hosentasche lassen mußte, aber ich beschloß, ihr zu gehorchen. Ich hatte schließlich keine andere Wahl. Als ich mich ausgezogen hatte, wäre ich lieber hinter ihr hergegangen, aber sie ließ mich vorausgehen. Auf halbem Wege kam uns ein Mann entgegen, der mir ein langes Gewand und ein Paar Sandalen brachte. Sobald ich angezogen war, hatte ich wieder Oberwasser und fragte den Garderobier: »Sie sind wohl ein Hexer?« Seiner Kleidung nach hätte er eher ein großer weißer Jäger sein können.

»In der Tat«, stimmte er zu.

»Arbeiten hier nur Gewerkschaftsmitglieder?« fragte ich weiter.

Er zog eine leichte Kette aus der Tasche, und ich fürchtete schon, ich hätte ihn beleidigt. Aber er lächelte beruhigend. »Keine Angst, Mr. Rierson. Stellen Sie sich einfach vor, das gehörte mit zur Ausrüstung.« Er schlang mir die Kette um die Taille und ließ sie hinter meinem Rücken einschnappen. Eines der freien Enden wurde um mein rechtes Handgelenk gewickelt und dort mit einem Schloß befestigt.

Ich bewegte prüfend die rechte Hand. Ich konnte den Arm beim Gehen schwingen und hätte in die rechte Tasche greifen können, wenn das Gewand Taschen gehabt hätte, aber das war bereits alles. Für meinen Geschmack nicht gerade viel.

Weißer Jäger griff nach meiner linken Hand. »Wir wissen, daß Sie nicht katholisch sind«, stellte er dabei fest. »aber wir wollen nichts riskieren.«

Katholisch? Hände? Oh.

»Warum ketten Sie mir auch die linke Hand an?«

»Wir wollen nichts riskieren.«

»Wissen Sie, meine Nase juckt plötzlich.«

»Tut mir leid. Seien Sie froh, daß Sie keinen Schnupfen haben.« Er ließ das dritte Schloß einschnappen, richtete sich auf und zeigte auf das Gebäude. Wir bewegten uns im Gänsemarsch darauf zu: Weißer Jäger voraus, ich in der Mitte, Jevica als Nachhut. Vielleicht hielt ihr Schutzgeist auch Schritt mit uns, aber das konnte ich nicht beurteilen.

Die Zeltplane war außen ebenfalls mit Hieroglyphen in verschiedenen Farben übersät. Sie war über ein Gerüst gespannt, das wie ein Vermessungsturm aus lauter Dreiecken zusammengesetzt zu sein schien. Die Seitenwände waren gewölbt, aber diese Wölbung hörte weiter oben wie abgeschnitten auf. Das Dach war entweder flach oder existierte überhaupt nicht. Ich wünschte mir, das Bauwerk wäre aus der Luft nicht unsichtbar gewesen. Ein rundes dachloses Gebäude erinnerte mich unangenehm an Stierkampfarenen.

Wir blieben vor der Tür (Holz) stehen, und Weißer Jäger erkundigte sich: »Haben Sie noch Fragen?« Ich überlegte, ob ich mir welche ausdenken sollte, schüttelte dann aber den Kopf. Als nächstes wollte er wissen: »Sind Sie nicht mehr außer Atem?« Ich nickte zustimmend.

Er riß einen breiten Streifen Klebband von einer Rolle und verschloß mir damit den Mund.

Schnupfen.

Ich rechnete schon damit, eine Tafel mit der Aufschrift UNREIN mit mir herumschleppen zu müssen, aber Weißer Jäger öffnete die Tür, und wir betraten das Gebäude. Ich sah nach oben und stellte fest, daß es überdacht war. Das Dach bestand allerdings nur aus Leinwand, als hätten sie Angst, es könnte ihnen auf den Kopf fallen. Boden und Wände waren aus Holz, aber die Wandverkleidung reichte nicht ganz bis zum Dach hinauf. Im Zeltinnern war es kühl, und ich fragte mich, ob Hexerei oder eine Klimaanlage dafür verantwortlich war. Das brachte mich darauf, über eine völlig aus Holz bestehende Klimaanlage nachzudenken.

Wir erreichten einen Teil des Gebäudes, wo die Wände aus Gewebebahnen bestanden, die an Holzrahmen hingen. Wir gingen auf eine Wand dieser Art zu, und Weißer Jäger teilte die Bahn und führte mich in die Dunkelheit dahinter. Ich hörte wieder Stoff rascheln und vermutete, daß weitere Bahnen zur Seite geschoben wurden. Ich wurde zuerst vorwärtsgeschoben und dann am Arm festgehalten. Ein schwacher Lichtschein flammte auf. Ich konnte den Gegenstand in der Mitte des Raumes deutlich erkennen. Ich sah mich nach etwas Wichtigerem um, aber der Raum war sonst leer.

Nach allen Vorbereitungen, die ich über mich hatte ergehen lassen müssen, war ich auf alles gefaßt gewesen — selbst Beelzebub persönlich. Aber der Gegenstand in der Mitte des Raumes war nur ein großer Globus und nicht einmal ein sehr brauchbarer. Selbst in diesem schlechten Licht erkannte ich, daß Längen- und Breitengrade und geographische Namen völlig fehlten. Trotzdem hielt jemand ihn für so kostbar, daß er den Globus in einen Glaskasten gestellt und diesen Kasten mit einem schweren Eisengitter geschützt hatte.

Das Licht erlosch, und ich wurde auf dem gleichen Weg zurückgeführt. Weißer Jäger nahm mir den Klebstreifen ab. Ich beschloß, vorsichtig zu sein und nicht nach dem Grund für soviel Aufwand wegen eines Globus zu fragen. Statt dessen erkundigte ich mich: »Wozu die Dunkelheit?«

»Licht ruft chemische Veränderungen hervor«, sagte Jevica und führte mich durch weitere Trennwände in einen anderen Raum. Dort saß eine Hexe, die ich noch nicht kannte, an einem Schreibtisch. Auch sie war gekleidet, als würde die Safari jeden Augenblick losgehen. Diese Hexen entsprachen ganz und gar nicht meinen Vorstellungen: sie sahen alle jünger als ich aus. Diese neue hatte schwarzes Haar und ein schmales Gesicht.

Ich wurde begrüßt, durfte mich setzen und wurde gefragt, ob ich eine angenehme Reise gehabt hätte. Dann machte mich die neue Dame sehr unglücklich.

»Ich bin hier die Anführerin, Mr. Rierson. Meinen wahren Namen erfahren Sie nicht — für Sie bin ich Alista, wie Sie Jevica unter ihrem angenommenen falschen Namen kennen. Beide müßten Ihnen vertraut sein.«

Jevica hieß die Frau meines Chefs, des UN-Generalsekretärs; die beiden hatten eine Tochter, die Alista hieß.

»Der Gebrauch falscher Namen ist natürlich nur eine elementare Vorsichtsmaßnahme«, fuhr sie fort. »Was die Angelegenheit betrifft, die jetzt geregelt werden muß, weil Sie unsere Existenz zur Kenntnis genommen haben . . .«

Ich überlegte mir, wie alt sie sein mochte.

»Für wie alt halten Sie mich?« fragte sie.

Dadurch machte sie mich sehr unglücklich. Wenn sie alles wußte, was mir durch den Kopf ging, spielte ich praktisch mit offenen Karten — ohne jedoch ihre zu kennen. Aber ich beherrschte mich und beantwortete ihre Frage. Ich bin achtunddreißig. Aufgrund meiner Beobachtungen zog ich davon zehn Jahre ab und sagte: »Achtundzwanzig.« Normalerweise hätte ich vom geschätzten Alter aus Höflichkeit ein paar Jahre abgezogen, aber dazu war ich jetzt zu verwirrt.

»Sie haben zuwenig geschätzt, Mr. Rierson«, antwortete die Hexe, die nicht wirklich Alista hieß. Sie stand auf, ging in eine Ecke und blieb vor einem Safe stehen, der mir bisher noch nicht aufgefallen war. Ich überlegte mir, aus welchem Metall er bestehen konnte, und hätte fast danach gefragt. Aber ich wurde im gleichen Augenblick aufgefordert, dem Safe den Rücken zuzukehren. Während ich hinter mir Zahlenräder klicken hörte, klebte Weißer Jäger mir wieder den Mund zu. Das Stehen machte mir nichts aus. Der ungepolsterte Holzstuhl war sehr hart gewesen.

Als ich mich wieder umdrehen und vorsichtig hinsetzen durfte, stand eine Puppe unter einem Glassturz auf dem Schreibtisch. Sie war dreißig Zentimeter hoch und erstaunlich detailliert. Ich erkannte mühelos, daß die Puppe Alista darstellte.

Das Original stand hinter dem Schreibtisch. »Sie haben zuwenig geschätzt, Mr. Rierson«, wiederholte die Schwarzhaarige. »Genau achthundertfünfundsechzig Jahre zuwenig.«

In diesem Augenblick war ich dankbar, daß ich den Klebstreifen über dem Mund hatte, denn ich hätte nicht gewußt, was ich sagen sollte.

Alista nahm die Puppe mit dem Glassturz vom Schreibtisch, trug sie wie ein Baby zu dem Safe, stellte sie vorsichtig hinein und schloß die Tür. Sobald die Schlösser eingerastet waren, nahm Weißer Jäger mir den Klebstreifen ab. Ich holte zweimal Luft und berührte meine Zähne mit der Zungenspitze. Sie schienen nicht wärmer als sonst zu sein.

Alista wandte sich wieder an mich. »Wie diese Puppe nicht altert, werde auch ich nicht älter, Mr. Rierson, aber sie muß geschützt aufbewahrt werden, denn jede Beschädigung würde sich auch an meinem Körper zeigen. Nach der gleichen Methode können Modelle lebloser Gegenstände hergestellt werden – zum Beispiel der Globus, den Sie vorhin gesehen haben.«

»Was dem Globus zustößt, passiert auch der Erde?« erkundigte ich mich.

»Ja.« Ihre Altstimme klang einfach nicht wie die einer 893jährigen.

»Erpressung«, sagte ich.

»Falls notwendig«, stimmte sie zu. »Wir müssen uns schützen. Aber als das Modell der Erde vor hundertsechsundfünfzig Jahren hergestellt und beschworen wurde, hat niemand an diese Möglichkeit gedacht. Kennen Sie den Namen Samos Sertonius, Mr. Rierson?« Ich kannte ihn nicht. »Das überrascht mich nicht. Er war ein Seher im zweiten Jahrhundert und hat einige Dinge vorausgesagt, die alle eingetroffen sind. Zuletzt hat er verkündet, die Erde werde am neunten Mai 1831 untergehen.«

»An Propheten, die sich geirrt haben, erinnert sich niemand mehr«, warf ich ein.

»Er hat sich damals nicht geirrt.«

Solange das Modell Alistas in Sicherheit war, würde sie weder altern noch sterben. Solange das Modell der Erde in Sicherheit war . . .

»Oh«, sagte ich. »Ich brauche meinen Kaugummi«, fügte ich eine Sekunde später hinzu.

»Wir müssen über unseren Globus sprechen«, wies Alista mich zurecht. »Das Geheimnis muß gewahrt bleiben, sonst versuchen sämtliche Fanatiker und Verrückten der Welt . . .«

»Kurz bevor ich aus dem UN-Hubschrauber stieg, habe ich ein neues künstliches Gebiß in den Mund genommen«, unterbrach ich sie. »Die Feuchtigkeit hat eine langsame chemische Reaktion in Gang gesetzt. Diese Reaktion nimmt ein sehr gewalttätiges Ende. Etwa fünf Minuten vor der Detonation werden die Zähne warm. Ich sollte sie hier zurücklassen und weglaufen, wenn ich der Meinung war, es sei am besten, Sie alle auszurotten. Falls solche drastischen Mittel nicht angezeigt waren, sollte ich die Reaktion mit einem Spezialkaugummi zum Stillstand bringen. Aber der Kaugummi steckt in meiner Jacke, die neben Ihrem Holzhubschrauber liegt. Die Zähne sind noch nicht warm, aber mir wäre wohler, wenn ich . . .«

»Geht«, sagte Alista. Wir gingen, Jevica und ich.

Mir gefiel es nicht, daß meine Zukunft von einem Globus abhängen sollte, den schon ein Dreijähriger zertrümmern konnte. Was war, wenn ein Vogel das Stück herauspickte, auf dem New York lag? Wie lange würde es noch dauern, bis die Farbe von den Erdteilen abblätterte? Ich kam mir plötzlich wie eine Mikrobe vor. Ich wäre am liebsten schreiend davongelaufen. Ich wäre noch lieber mit einer bestimmten Dame meiner Bekanntschaft ins Bett gehüpft und hätte den verdammten Globus vergessen. Aber diese bestimmte Dame war im Augenblick einige zehntausend Kilometer von mir entfernt. Deshalb stand ich in der Wüste, hatte den Hubschrauber rechts und Jevica links von mir und kaute angestrengt Kaugummi.

Jevica mußte mir die Streifen in den Mund stecken. Meine Hände waren noch immer angekettet.

Ich kaute, und sie redete. »Jetzt sehen Sie hoffentlich ein, warum die Menschheit den Raumflug braucht. Die Existenz der Erde hängt von diesem Modell ab, dem früher oder später selbst hier etwas zustoßen wird – ein Erdbeben oder ein Vulkan, der plötzlich ausbricht, oder ein abstürzender Meteor oder einfach Altersschwäche. Wir müssen uns anderswo eine neue Heimat suchen.«

Ich war ganz ihrer Meinung. Ich war bereit, meine Zustimmung zu Protokoll zu geben und mit einem in mein eigenes Blut getauchten Federhalter zu unterschreiben. Ich versuchte, ja zu sagen, aber mit dem ganzen Kaugummi im Mund brachte ich nur heraus: »Jmmmpph.«

MAUREEN BRYAN EXTER

Aufbruch ins Unbekannte

»Du mußt jetzt aufstehen, David«, flüsterte sein Bett und rüttelte ihn sanft. »Heute ist ein schöner klarer Tag, ein besonderer Tag, und du kannst bis zu den Westhalden sehen.«

David drehte sich auf den Bauch und legte sich das Kissen über den Kopf. Das Bett rüttelte ihn wieder, aber er vergrub sich nur noch tiefer und grunzte dabei. Normalerweise wäre er gleich nach dem Wetterbericht aus dem Bett gesprungen, weil er fünfzehn war und nur noch wenige Monate Kindheit vor sich hatte, aber heute war er schlaftrunken.

»Gut, Kinderchen«, sagte Moms Stimme im Lautsprecher über der Zimmertür, »ich möchte euch alle singen hören – aber laut!«

David fiel ein, was das bedeutete. Er hatte plötzlich Magenschmerzen und setzte sich auf.

»Alle zusammen ... eins ... zwei ... drei ...«, kommandierte Mom.

Heute war Nolas Geburtstag.

»Good-bye to you«, sang er auf dem Weg in die Duschkabine halblaut mit. Das Wasser begann automatisch mit der von ihm gewünschten Temperatur zu rauschen. »Good-bye to you. Good-bye, dear No-la. Good-bye to you.«

Das Wasser wurde einen Augenblick eiskalt, so daß er ganz aufwachte. »Nächstesmal singst du bitte lauter, David«, sagte Mom über den Lautsprecher.

Das Wasser versiegte, und David stand zähneklappernd in der Kabine, bis der warme Luftstrahl ihn getrocknet hatte. Hätte er nicht vorsichtig sein müssen, wäre er sehr wütend auf Mom gewesen.

»Ich liebe dich, David«, hatte Nola erst gestern gesagt. Ihr blondes Haar war zerzaust gewesen. Sie hatte Tränen in den Augen gehabt. Sie war trotzdem schön gewesen. »Laß nicht zu, daß sie mich wegholen, David. Die anderen sagen, daß es schön ist, aber ich weiß nicht, was mich erwartet. Ich habe solche Angst, David.«

Er hatte sie geküßt, wie er es sich schon immer gewünscht hatte. Dies war das erstemal, daß sie in ihm mehr als nur einen Hausbruder zu sehen schien – und es war der Tag vor ihrem sechzehnten Geburtstag. *Jetzt* wollte sie hierbleiben. *Jetzt* sollte er sich etwas einfallen lassen. Typisch Frau, daß sie damit bis zur letzten Minute gewartet hatte.

Ihre Lippen waren so weich. Aber Mom war natürlich gerade dann aufgetaucht. »Laßt das, Kinder«, hatte sie gefaucht. »Nach dem Abendessen gehen die Jungen in den Ostflügel und die Mädchen in den Westflügel. Ihr kennt doch die Hausordnung.«

»Sie hat etwas im Auge gehabt, und ich hab's herausgeholt«, behauptete David rasch. »Siehst du, sie weint noch.«

Mom beugte sich über Nola und starrte ihr in die Augen. »Ich sehe nichts«, stellte sie fest.

»Natürlich nicht«, stimmte David gelassen zu. »Ich hab's herausgeholt.«

Nola lächelte ihn an, und er erwiderte ihr Lächeln, und Mom starrte sie beide aufgebracht an. »Gute Nacht, *Kinder*«, sagte sie nachdrücklich.

Nola ging nach Westen, und er ging nach Osten und lag lange wach.

David nahm einen grünen Kittel aus dem Ausgabeschacht neben der Dusche, streifte ihn über und schlüpfte dann in seine Sandalen. Er kämmte sich das kurze braune Haar und rieb sich dann das Gesicht. Er hatte es erst gestern depiliert. Es war noch immer haarlos, aber er überlegte, ob er es sicherheitshalber erneut behandeln sollte.

Diesmal war die Stimme lauter. »Beeil dich, sonst schicke ich Dad hinein.«

David lächelte vor sich hin. Dad hatte genug damit zu tun, den Kleinen mit den Sandalen zu helfen, und wenn er wirklich hereinkam, sah er einen nur traurig an, ohne ein Wort zu sagen.

»Ich beeile mich schon«, erklärte er dem Lautsprecher. Wenn Mom nur ein Mensch wäre, dachte er grimmig, dann würd' ich ihr's schon zeigen! Aber Mom war ein Androide wie Dad. Manchmal vergaß David, daß es in Wirklichkeit zwei Moms gab, die sich mit grauem Haar, Baumwollkleidern und Kittelschürzen sehr ähnlich sahen. Eine Mom schimpfte ständig, machte alle Hausarbeit und überwachte die Kinder; die andere Mom sprach selten laut, versorgte die Kleinkinder und sang ihnen vor. David hatte die andere Mom schon seit Jahren nur noch sehr selten gesehen.

Als er den Raum verließ, ging das Licht hinter ihm aus.

Im Korridor wartete Trudy auf ihn. Sie hatte ihre Puppe unter dem Arm. Trudy war eine schmächtige brünette Zehnjährige, und die Puppe war ihr Liebling, eine Mamapuppe, die sie zum achten Geburtstag bekommen hatte. Die Puppe sagte »Baby, mein süßes Baby«, wenn man sie drückte. Trudy hielt sie David entgegen, und er sah, daß der rechte Arm schlaff herunterhing. »Kannst du sie heilmachen?« fragte Trudy besorgt.

Keine Zeit, dachte er. »Beeilt euch, beeilt euch!« drang es aus allen Lautsprechern. Er war wenigstens nicht der einzige, der sich verspätet hatte. Er nahm Trudy die Puppe aus der Hand und untersuchte sie. »Scheint nicht weiter schlimm zu sein«, entschied er. Unter der rechten Achsel hatte sich ein Draht gelockert, den David jetzt befestigte. Er drückte auf einen Knopf, und die Puppe schwenkte beide Arme.

Trudy lächelte strahlend. David drückte die Puppe, bis sie »Baby, mein süßes Baby« sagte.

»Ich liebe dich, David«, murmelte Trudy, ohne ihn anzusehen.

»Bitte, nichts zu danken«, antwortete David. Er setzte sich in Richtung Speisesaal in Bewegung. »Frühstück!« rief er Trudy zu.

Trudy blieb stehen und drückte ihre Puppe.

David hätte sich vielleicht gar nicht mit ihr abgegeben, aber Trudy hatte oft Pech und tat ihm manchmal leid. Er verstand genug von wirtschaftlichen Zusammenhängen, um zu wissen, warum solche Dinge nicht ewig halten durften, aber manchmal fragte er sich doch, ob es nicht möglich sei, wenigstens Puppen so zu bauen, daß sie länger als ein paar Monate ohne Reparaturen hielten. Er begriff die Sache mit Jeeps und Häusern und Parks, aber manche Kinder liebten ihre Puppen wirklich. Wie die kleine Trudy. Ihre Eltern hatten ihr zu ihrem letzten Geburtstag kein Geschenk geschickt. David hatte versucht, ihr zu erklären, daß die Geschenke gar nicht wirklich von den Eltern kamen – Erwachsene lebten nicht in Schulen, deshalb gab es auf der Erde und den übrigen Schulplaneten keine Erwachsenen –, weil es schwierig war, sich an Geburtstage zu erinnern, wenn man woanders lebte oder im Weltraum unterwegs war, so daß die Maschinen die Geschenke schickten.

Wirklich eine Schande. Dabei gehörte Trudy nicht einmal zu den Kindern, die sich nur auf ihren Geburtstag freuten, weil sie dann einen Haufen Geschenke bekamen. Sie freute sich darauf, ein Geschenk von ihren Eltern zu bekommen – wie zum Beispiel die Sprechpuppe –, und ausgerechnet sie vergaßen die Maschinen natürlich. Es war ihr zehnter Geburtstag gewesen, und Trudy hatte den ganzen Tag im Kindergarten bei der anderen Mom verbracht.

Als David den Speisesaal betrat, standen die anderen zehn alle schon am Tisch. Nolas Platz war ihm gegenüber, und er sah, daß sie wie er dunkle Ringe unter den Augen hatte. Sie warf ihm schweigend einen verzweifelten Blick zu. David schüttelte den Kopf und zuckte hilflos mit den Schultern.

Mom hatte den Kleinen bereits Lätzchen umgebunden. Sie standen während des Morgengebets – wer von ihnen schon stehen konnte –, und das kleinste Baby schlug rhythmisch mit der Faust auf den Tisch, bis Dad ihm die Hand festhielt und ihn traurig anstarrte. Der Kleine beruhigte sich.

Dann setzten sie sich. David sah, wie Trudy lautlos an ihren Platz huschte, wo ein Becher Kakao für sie stand. David, Nola und das dicke Mädchen Darleen tranken Kaffee, weil sie schon über zwölf waren.

»Gibst du mir bitte die Sahne, David?« forderte Nola ihn auf. Sie beugte sich nach vorn. David beugte sich ebenfalls vor. »Was willst du tun?« flüsterte sie.

»Keine Ahnung, sagte er leise.

»Laß dir gefälligst etwas einfallen!« fauchte sie.

»Kinder«, sagte Dad geduldig.

Er gab ihr die Sahne, und sie lehnten sich beide zurück.

Nachdem die Kleinsten versorgt waren, nahmen Mom und Dad an den Tischenden Platz. Sie blieben sitzen, bis alle aufgegessen hatten.

Die Spannung fehlte, weil jeder wußte, was Mom ankündigen würde. Schließlich räusperte sie sich. »Ihr wißt alle, daß Nola heute fortgeht«, sagte sie. »Ihr habt ihr heute morgen ein Abschiedsständchen gebracht, und ich nehme an, daß einige von euch sich bereits von ihr verabschiedet haben. Ich wollte euch nur sagen, daß wir heute nachmittag eine Party geben, zu der ...« Mom machte eine bedeutungsvolle Pause. »... zu der wir einen Ehrengast erwarten.«

David glaubte zu sehen, wie Nola aufhorchte. Wahrscheinlich ein Verwandter von ihr. Wie sie alle hatte Nola ihre Angehörigen noch nie gesehen, aber die Maschinen bemühten sich im allgemeinen, irgendeinen Angehörigen aufzutreiben, der einen am sechzehnten Geburtstag abholte.

Der rothaarige John hob die Hand. Mom nickte ihm zu. »Darf ich mit Ricky spielen, wenn ich rechtzeitig zur Party zurückkomme?« Ricky wohnte im übernächsten Haus mit seinen eigenen Moms und Dad.

»Du bist jetzt zwölf«, stellte Mom fest. »Du kannst tun, was dir Spaß macht.«

Trudy hob die Hand. »Kann ich mit Greta spielen, wenn ich . . .«

Mom schüttelte den Kopf. Greta wohnte nebenan und sollte ungezogen oder nicht ganz richtig im Kopf sein. Natürlich war sie Trudys beste Freundin. »Du bleibst hier«, entschied Mom, »und hilfst mir bei den Vorbereitungen für die Party.«

David hatte Mom schon mehrmals bei der Arbeit gesehen, wenn sie sich unbeobachtet fühlte. Dann bewegte sie sich so schnell, daß man ihren Händen kaum folgen konnte. Sie brauchte Trudys Hilfe wirklich nicht.

Sie durften aufstehen. »Ich gehe in mein Zimmer, um nachzudenken«, flüsterte David Nola zu, als er scheinbar unabsichtlich mit ihr zusammenstieß.

»Beeil dich dabei!« antwortete sie.

Er sah ihr nach, als sie mit Doreen den Speisesaal verließ: eine schlanke Gestalt in dem grünen Einheitskittel, den sie alle trugen. »Ich gehe in mein Zimmer und lerne«, erklärte er Dad. David war einer der wenigen, die noch lernten, obwohl sie schon über zwölf waren, deshalb würde das nicht auffallen.

»Du bist ein guter Junge, David«, lobte Dad ihn.

In seinem Zimmer schaltete David den Lehrer ein und wartete, bis der Bildschirm aufleuchtete. Er drückte auf die Wähltaste, um zu sehen, was heute geboten wurde.

»Willkommen«, sagte der große Neger. David hörte Papier rascheln. »Die alten Griechen glaubten, die Sonne und die Planeten kreisten um . . .«

David drückte auf die Taste. »Willkommen«, sagte eine grauhaarige Frau. Er erkannte die Mathematiklehrerin. Er wußte inzwischen soviel wie sie. Er drückte die Taste.

Wieder eine Frau; diesmal mit welligen braunen Haaren. »Willkommen«, begrüßte sie ihn. »Die Westhalde entstand seit dem Jahr 2035, etwa zwei Jahrzehnte nach dem großen Erdbeben, das den ehemaligen Bundesstaat Kalifornien verwüstet hatte. Obwohl die

Bevölkerung der Vereinigten Staaten durch diese Naturkatastrophe stark dezimiert wurde, existierte damals das Übervölkerungsproblem. Die Wissenschaftler waren sich darüber einig, daß die Vereinigten Staaten zwar ohne die Opfer der Naturkatastrophe weiterbestehen konnten, daß aber das verlorene Land dringend gebraucht wurde. Dazu kam noch, daß das Müllproblem zur gleichen Zeit kritische Ausmaße erreicht hatte. J. Pierce Krause war der erste, der vorschlug, beide Probleme gemeinsam zu lösen. Der vorhandene Müll sollte verarbeitet und der zukünftig entstehende Müll sollte dazu verwendet werden, die . . .«

2035 notierte David sich. *J. Pierce Krause.*

Die Lehrerin fuhr fort: »Die Große Seuche kam selbst für ihre Verursacher überraschend, und die Überlebenden zogen landeinwärts, wobei sie weiter große Müllmengen produzierten, die wiederum verarbeitet und in den verödeten Westen transportiert wurden. Die Westhalde wuchs der Küste entlang nach Norden, entwickelte sich dann zum Landesinnern hin und findet ihre Grenze jetzt unmittelbar östlich der ehemaligen Rocky Mountains.

Das Müllproblem ist selbst heutzutage noch akut, obwohl die Abfallmengen geringer geworden sind, da sie nur noch von Jugendlichen und vereinzelten Besuchern erzeugt werden. Aus diesem Grund ist vor kurzem die Osthalde angelegt worden, die . . .«

Auf dem Bildschirm flammte eine Leuchtschrift auf: TEST – TEST – TEST.

Die Frau wirkte jetzt strenger und sogar älter. »In welchem Jahr war das große kalifornische Erdbeben?«

»Um 2015«, antwortete David.

Sie räusperte sich. »Gut. Wer hat vorgeschlagen . . .«

»J. Pierce Krause«, warf er ein.

Sie lächelte strahlend. Sie wäre hübsch gewesen, wenn sie nicht so alt gewesen wäre. David schätzte sie auf mindestens dreißig. »Großartig«, lobte sie ihn. »Wirklich ganz großartig.«

»Danke«, antwortete er und schaltete ab. Die Lehrerin wirkte enttäuscht, aber ihm war eben etwas eingefallen.

Sie würden campen. In Chicago konnte man ewig lange campen, wenn einem Chicago so gut gefiel. Er war nur einmal dort gewesen, aber die Einrichtungen waren durchaus nicht übel. Die Hotels waren gekennzeichnet, wenn sie bewohnbar waren, und es gab sogar Häuser, die man anzünden durfte. David vermutete allerdings, daß sie über Nacht aufgestellt wurden. Alles funktionierte, und in einem versteckten Winkel stand für alle Fälle ein kleines Krankenhaus. Leider war die Stadt besonders im Sommer so überlaufen, daß Parkplätze Mangelware waren, und die Betten machten sich nicht selbst. Trotzdem konnte man dort leben, wenn man ernstlich wollte. David hatte seine Zuteilungen aufgehoben, so daß er jetzt genügend Batterien hatte, um mit seinem Jeep bis New York zu fahren; in dieser Beziehung waren also keine Schwierigkeiten zu erwarten. Er und Nola würden wegfahren und campen. Sie würde ihren blonden Kopf an seine Schulter lehnen und ihm dankbar sein, weil er sie gerettet hatte.

Beim Mittagessen gelang es ihm, Nola hinter der Tür zu küssen, als Mom kurz hinausmußte. »Ich habe solche Angst, David«, sagte sie, aber ihre Augen leuchteten. Dann fügte sie hinzu: »Wer wohl kommen wird?«

»Ich habe mir etwas überlegt«, murmelte er und runzelte die Stirn. »Oder willst du nicht mehr?«

»Doch, doch!« beteuerte sie, und er fürchtete, sie würde wieder in Tränen ausbrechen. »Glaubst du mir denn nicht? Ich bin nur neugierig und ängstlich, weil alles so plötzlich kommt.« Nola gab sich einen Ruck. »Was hast du also vor?«

»Wir campen.« Er sah die Enttäuschung in ihrem Blick. »Das ist wirklich nicht schlimm. Es ist sogar ganz lustig.«

»Campen?« wiederholte sie langsam. »Aber das ist so ... primitiv.«

»Nur vorläufig«, versicherte er ihr. »Bis wir etwas anderes finden. Ich habe gehört, daß es Orte gibt, wo ...« Er erzählte ihr nicht von dem Funkgerät, das er in Chicago im Museum eingeschaltet hatte. Es gab solche Orte. Man mußte sie nur finden. »Es gibt andere Leute wie uns – es muß welche geben.« Er nahm ihre Hand. »Hast du kein Vertrauen zu mir?«

Sie drückte ihm so fest die Hand, daß sie ihm mit den Fingernägeln wehtat. »Doch, David.« Bei ihrem Blick mußte er trocken schlucken.

»Wir treffen uns um vier«, entschied er. »Am Jeep. Bring deine Dauerbekleidung mit – und Nährtabletten, wenn du welche bekommen kannst, obwohl ich ziemlich viele habe.«

»Entschuldigung«, sagte Dad und trat auf sie zu. Er nahm Nola bei der Hand, um sie wegzuführen. Nola warf David einen letzten Blick zu, und er hatte den Eindruck, sie sei bereit, ihm quer durch Europa zu folgen, wenn er es verlangte.

Dad führte Nola ins Wohnzimmer, wo eine blonde Frau in einem kurzen Kleid aus Goldplättchen wartete. Sie stand auf, als Nola hereinkam. »Ah, Nola«, sagte sie mit tiefer, rauchiger Stimme. »Ich bin deine Mutter.«

Nola blieb an der Tür stehen. »Hallo«, murmelte sie schließlich verlegen.

»Oh, du bist aber hübsch!« rief die Blondine aus. »Komm, setz dich neben mich.« David nahm an, daß sie damit meinte, Nola solle sich links neben sie setzen, denn rechts saß schon ein Mann, den David auf mindestens zwanzig schätzte.

»Also ich würde niemals selbst Kinder haben wollen«, brummte Mom vor sich hin. »Kinder sind nur lästig. Ich verstehe überhaupt nicht, warum jemand sich Kinder anschafft.« Das sagte Mom oft in Gegenwart der Mädchen, und David vermutete, daß es zu ihrer Ausbildung gehörte. Schließlich konnte Mom gar keine Kinder bekommen.

Nolas Mutter redete mehr als alle Erwachsenen, die David bisher erlebt hatte. »Nein«, sagte sie eben, »dein Vater konnte nicht kommen. Er ist gerade auf Hochzeitsreise. Aber du lernst ihn bald kennen. Ein sehr sentimentaler Mann. Er hat darauf bestanden, dich hierher zu schicken, statt auf einen anderen Schulplaneten, wo ... nein, darüber brauchen wir jetzt nicht zu diskutieren.«

Nola fragte irgend etwas, und ihre Mutter drehte sich nach dem jungen Mann an ihrer Seite um. »Das? Oh, das ist Raoul. Er war an Bord meines Schiffs. Raoul, dies ist meine kleine Tochter. Siehst du? Raoul wollte nicht glauben, daß ich eine Tochter habe, die jetzt erwachsen ist, deshalb hat er darauf bestanden, mitzukommen und sie sich anzusehen – und ich dachte, nun, meine Kleine ist jetzt in dem Alter, in dem es nicht schaden kann, einen netten jungen Mann kennenzulernen.«

Deine Kleine ist schon in festen Händen, dachte David grimmig. Er sah zu Nola hinüber und zog die Augenbrauen hoch. Als sie ihm zublinzelte und mit den Schultern zuckte, fühlte er sich besser.

Nolas Mutter sprach weiter. Ihre goldenen Fingernägel glitzerten im Licht, wenn sie gestikulierte. »Was dich dort draußen *wirklich* erwartet? Was du dort tun wirst? Was tun denn die anderen? Du spielst, du wirst unterhalten, du bekommst ein Kind oder mehrere Kinder, wenn du willst, obwohl dich das natürlich nicht lange beschäftigt, weil die Babys mit sechs Monaten in die Schule kommen. Du verliebst dich, du tanzt, du spielst.« Sie machte eine Pause. »Später mußt du dafür büßen und eine Zeitlang arbeiten, aber das dauert nicht lange.« Sie verzog das Gesicht. »Dann stirbst du – rasch und schmerzlos. Schließlich kannst du dich nicht bis in alle Ewigkeit unterhalten lassen.« Ein Seufzer. »Oh, Nola, du hast so viele herrliche Erlebnisse vor dir . . .«

David fürchtete, sich übergeben zu müssen, wenn er nicht bald verschwand. Er hatte noch niemand erlebt, der das Erwachsenensein ähnlich langweilig dargestellt hatte. Das hatte nichts mit dem zu tun, was er von den Lehrern gehört oder selbst herausbekommen hatte oder mit eigenen Händen tat.

Nola schien interessiert zu sein, was ihm nur recht war. So war sie wenigstens beschäftigt, bis er den Jeep abfahrbereit hatte.

Davids Jeep war das Standardmodell, das er selbst umgebaut und verbessert hatte. Er hatte es wie alle anderen Jungen zum zwölften Geburtstag bekommen und seitdem viel daran gearbeitet. Irgend etwas war immer kaputt. Manchmal hatte er das Gefühl, alle seine Freunde dadurch kennengelernt zu haben, daß sie sich unterwegs geholfen hatten, ihre Jeeps zu reparieren.

Die Ersatzteile verschlissen so rasch, daß David angefangen hatte, sie in der Werkstatt selbst anzufertigen. Jetzt funktionierte der Jeep tadellos. Wahrscheinlich konnte er damit sogar nach Seattle fahren, wenn er einen Weg über die Westhalde fand.

Das war natürlich nur ein Traum. Über die Westhalde. Soll das ein Witz sein? Dort liegt das ganze Jahr über *Schnee,* und die Westhalde wird ständig höher.

David hatte einmal mit Freunden darüber gesprochen, aber selbst Jordan hatte ihn ausgelacht. Jordan war Davids bester Freund gewesen, bevor er sechzehn geworden war, und hatte einmal eine ganze Woche in der Wildnis am Fuß der Westhalde zugebracht. Niemand hatte versucht, ihn zurückzuholen, aber er war nach einer Woche freiwillig zurückgekommen. Er hatte nicht einmal versucht, einen Weg über die Westhalde zu finden. Als David ihn gefragt hatte, warum er zurückgekommen sei, hatte Jordan geantwortet: »Wenn man die ganze Zeit mit niemand reden kann, schnappt man langsam über.« Aber Jordan und die anderen wußten nicht, was David wußte.

David war in Chicago in einem Museum gewesen, in dem alte Maschinen ausgestellt waren. Jemand hatte die Vitrine mit dem Funkgerät offengelassen, und David nahm es mit in sein Zimmer, obwohl es ziemlich schwer war. Er wollte es zurückbringen, aber er hatte keine Lust, schon bald nach Hause zurückzufahren, und Chicago gefiel ihm nicht besser als andere Städte, in denen er schon gewesen war. Er hatte nicht das richtige Werkzeug, um das Gerät zu zerlegen, wie er vorgehabt hatte, deshalb gab er auf und drehte nur an den Knöpfen.

Dann hatte er plötzlich etwas gehört und war so erschrocken, daß er fast vom Stuhl gefallen wäre. »Das war die Nachtigall persönlich«, sagte eine Männerstimme. »Die Gute, die Herrliche, die Königliche, meine Frau . . .«

»John«, unterbrach ihn eine leise Frauenstimme, »bitte laß doch den . . .«

»Nein, nein, Schatz. Du bist zu bescheiden. Das war sensationell! Hört zu, ihr hunderteinundzwanzig – nein, jetzt sind's hundertzweiundzwanzig –, der kleine Neill Parker ist heute morgen um halb zwei mit allen Fingern und Zehen auf die Welt gekommen. Ein Hoch auf den kleinen Neill . . .«

David hörte die Frau lachen, und der Mann fügte lachend hinzu: »Ich möchte euch hundertzweiundzwanzig herrlichen Leuten im herrlichen Seattle sagen, daß Joe Parker an diesem herrlichen Tag gewaltig feiert!«

»Amen«, sagte die Frauenstimme.

An diesem Tag hörte David gespannt zu, bis keine Stimmen mehr aus dem Lautsprecher drangen. Er hörte einige Witze, die er noch nie gehört hatte und vielleicht gar nicht richtig verstand.

Er versuchte am nächsten Tag wieder, den gleichen Sender zu erwischen und bekam gerade noch das Ende einer Sendung mit, in der Eltern vorführten, was ihre kleine Tochter schon alles sagen konnte. Nach etwa einer Woche brachte David das Funkgerät ins Museum zurück, schloß die Vitrine und fuhr nach Hause.

Vielleicht konnte er Nola dazu bringen, mit ihm einen Weg über die Westhalde zu suchen. Er wußte, daß schon früher Leute dorthin aufgebrochen waren. Niemand bemühte sich, sie aufzuspüren, deshalb herrschte allgemein die Auffassung vor, sie seien in Schwierigkeiten geraten, ohne imstande gewesen zu sein, Hilfe anzufordern. Die Westhalde galt als unüberwindbares Hindernis, aber David glaubte zu wissen, daß sie das nicht war. Das einzige Problem bestand nur daraus, einen Weg zu finden, und er hatte genügend Batterien, um längere Zeit suchen zu können.

Nola würde nicht begeistert sein, aber sie würde trotzdem mitkommen. Sie liebte ihn, und sie würden irgendwo leben, und Nola würde hübsch und sanft sein – ganz anders als Mom. Nolas Stimme war eine Liebkosung, kein Reibeisen wie Moms schrilles Organ.

Er packte so wenig wie möglich ein, damit Nola alles mitbringen konnte, was ihr Freude machte. Er nahm nur die Nährtabletten, den Medikasten und einige notwendige Kleinigkeiten hinein.

Trudy war aus dem Haus gekommen, um ihm eine Weile zuzusehen. Sie saß im Jeep, während er seine Ausrüstung verstaute, und er hatte nichts gegen ihre Gegenwart einzuwenden. Sie würde ihm fehlen, weil sie wirklich ein Pechvogel war, um den sich niemand mehr kümmern würde, wenn er fort war. Außerdem redete sie nie sehr viel.

»Was tust du?« fragte sie schließlich.

»Packen«, antwortete er.

»Fährst du weg?« Ihre braunen Augen leuchteten wie immer, wenn sie mit ihm sprach.

»So könnte man's nennen.«

»Darf ich mitkommen?« Sie beobachtete ihn gespannt.

David machte eine Pause und richtete sich auf. »Tut mir leid, Trudy«, sagte er und klopfte ihr auf die Schulter. »Diesesmal nicht.«

»Ich bin bestimmt brav«, versicherte sie ihm.

»Tut mir leid, Trudy.«

»Nola ist zu alt, um dich zu begleiten«, stellte sie fest. »Sie ist jetzt sechzehn. Sie ist schon erwachsen.«

Er starrte sie überrascht an. »Wer hat was von Nola gesagt?«

»Niemand.« Sie stieg auf der anderen Seite aus und knallte die Tür zu. »Aber sie fährt nicht mit dir.« Sie lief ins Haus zurück.

David verstaute den Rest und überzeugte sich dann nochmals davon, daß alles gut untergebracht war. Er war aufgeregt und abgespannt zugleich. Nola sollte erst in einer Stunde kommen, deshalb machte David es sich auf dem Rücksitz zu einem Nickerchen bequem.

Als er aufwachte, war es bereits dunkel, aber Nola war noch nicht gekommen. David rieb sich die Augen und stieg aus seinem Jeep. Die kühle Nachtluft ließ ihn erschaudern, und er merkte, daß er schwitzte.

Dad war in der Diele, wo er jeden Abend auf und ab ging, bis das letzte Kind im Haus war.

»Wo ist Nola?« fragte David ihn. Ich bringe mich um, dachte er grimmig. Nein, ich bringe sie um, wenn sie Nola mit Gewalt fortgeschleppt haben; ich bringe sie alle um, wenn sie ihr etwas angetan haben.

»Sie ist mit Raoul im Wohnzimmer«, antwortete Dad ruhig. »Morgen früh reisen sie alle gemeinsam ab.«

Davids Herz schlug bis zum Hals, als er ins Wohnzimmer hastete.

Nola saß mit Raoul auf der Couch. Sie hatte ihr langes Haar aufgesteckt und trug ein kurzes enges Kleid aus Silberplättchen. Beide hielten ein Glas in der Hand.

»Nola?« sagte David wie zu einer Fremden.

Nola zuckte zusammen. »Oh, David . . .« Sie wurde rot. Das hatte David noch nie bei ihr gesehen. Es machte sie schöner, aber sie sah der Nola, die er kannte, dadurch weniger ähnlich. »Das ist Raoul«, fuhr sie fort. »Ein Freund meiner Mutter.« Sie wandte sich an den gutaussehenden jungen Mann. »Das ist David«, erklärte sie ihm. Ihre Stimme klang plötzlich hart. »Er ist eines der Kinder hier.«

David verließ fluchtartig den Raum und weinte erst, als er wieder in seinem Jeep saß. Er weinte nicht nur um Nola, sondern auch um alles andere: weil er gestern nicht genug geschlafen hatte, weil er heute nachmittag nicht früher aufgewacht war, weil Chicago ihn enttäuscht hatte, weil er nicht in Boston gewesen war, bevor es zum Nationaldenkmal erklärt und am Michigansee neu aufgebaut worden war, und weil er in einigen Monaten erwachsen sein würde. Er weinte vor allem um den Erwachsenen, der er schon bald sein würde.

»Das tut mir leid für dich, David«, sagte Trudy und berührte sanft seine Schulter. Er hatte gar nicht gemerkt, daß sie da war.

»Bist du schon die ganze Zeit hier?«

Sie nickte. »Ich habe nur nichts gesagt, weil ich dachte, das wäre dir peinlich. Ich habe gewußt, was Nola sagen würde. Ich habe gewußt, daß sie nicht mitkommen würde. Sie hat nur Angst gehabt, weil sie nicht wußte, ob alles in Ordnung sein würde.«

David wischte sich die Tränen mit einem Ärmel aus den Augen. »Ich war nur für den Fall da, daß die Sache nicht allzugut aussah, stimmt's?«

»Das tut mir leid für dich, David«, wiederholte Trudy.

Er zog ein Papiertaschentuch aus der Box im Handschuhkasten und putzte sich die Nase. In gewisser Beziehung war es tröstlich, Trudy neben sich zu haben. Er sah zu ihr hinüber. Trudy hatte Tränen in den Augen; jetzt liefen sie ihr sogar über die Wangen.

»He, ist deine Sprechpuppe wieder kaputt?« Als sie stumm den Kopf schüttelte, fragte er verständnislos: »Was hast du sonst?«

»Ich liebe dich, David«, sagte Trudy.

»Du bist nur ein Kind«, wehrte er verbittert ab.

»Aber ich bleibe es nicht für immer«, stellte sie nüchtern fest. »Jedenfalls fahre ich mit.«

»Ich komme aber nicht zurück«, warnte David sie.

»Das ist mir auch recht.« Trudy zog ein neues Taschentuch heraus und wischte ihm damit die Tränen aus dei Augen. »Sie lassen mich nicht mehr mit Greta spielen.«

David erinnerte sich daran, was Jordan gesagt hatte – daß man in der Wildnis überschnappen konnte, wenn man niemand hatte, mit dem man reden konnte. Er zuckte mit den Schultern. »Gut, falls du dir die Sache anders überlegst, brauchen wir uns nur zu melden, damit jemand kommt und dich abholt.«

»Ich gehe nie mehr zurück. Niemals.« Sie nahm etwas vom Rücksitz des Jeeps, und David sah, daß sie ihre Mamapuppe mitgenommen hatte. Trudy drückte sie.

»Baby«, quietschte die Puppe, »mein süßes Baby.«

David fuhr an.

Als sie am Eingang vorbeikamen, sahen sie Dad traurig in der Diele auf und ab gehen.

Charles E. Fritch

Prophezeiungen

Mit der Lässigkeit, die man durch langjährige Übung erwirbt, brach Harry Folger das chinesische Glücksplätzchen auf und zog den Papierstreifen heraus. Er strich ihn auf der Tischdecke glatt und las den gedruckten Text:

DU WIRST EINE(N) ALTE(N) FREUND(IN) TREFFEN!

Harry lachte vor sich hin. Daß er einem alten Freund oder einer alten Freundin begegnete, war ganz unvermeidlich. Er traf sie jeden Tag – auf der Fahrt ins Büro, am Arbeitsplatz, in seinem Apartmenthaus und selbst in den vielen Chinarestaurants, in denen er Stammgast war.

Er biß von dem Plätzchen ab, zermalmte das Stück mit den Zähnen und spülte es mit dem inzwischen lauwarm gewordenen Tee hinunter. Er genoß die Glücksplätzchen wie das Glück selbst. Aber er genoß überhaupt alles in Chinarestaurants, wo er sich nie an all den herrlichen Spezialitäten sattessen konnte. Für Harry Folger waren Chinarestaurants das Paradies auf Erden.

Und als er das Lokal verließ, begegnete ihm eine alte Freundin.

Sie hieß Cynthia Peters – oder hatte jedenfalls bis zu ihrer Heirat so geheißen. Sie war jedoch nicht wirklich alt, sondern noch eine junge Frau Ende zwanzig. Harry erinnerte sich gern an die stürmische Liebesaffäre, die er mit dieser Dame erlebt hatte, als sie beide noch jünger gewesen waren, und träumte häufig von ihr.

»Cynthia!« sagte er angenehm überrascht.

»Harry!« rief sie mit Freudentränen in den braun-grünen Augen aus.

Und Harry wußte, daß er trotz der Tatsache, daß sie beide verheiratet waren, eine Affäre mit ihr haben würde.

Als er endlich wieder Zeit hatte, darüber nachzudenken, wunderte Harry sich über den Zufall, daß er seiner alten Freundin Cynthia ausgerechnet begegnet war, nachdem das Glücksplätzchen ihm ein solches Treffen angekündigt hatte. Das war natürlich ein Zufall; es konnte nichts anderes sein. Harry las die Texte gern – er stellte sich vor, daß sie irgendwo in Hongkong von Kulis geschrieben wurden –, aber er dachte nicht daran, sie für absolut wahr zu halten.

Damals noch nicht.

Cynthia und er trafen sich selbstverständlich in chinesischen Restaurants. Ihr Mann, erzählte sie ihm, war ein gemeiner Schuft, der ihr das Leben zur Hölle machte. Seine Frau, berichtete er ihr, war eine Schlampe, mit der er todunglücklich war. Bei einer dieser Gelegenheiten brach Harry nach einem köstlichen Mahl sein Glücksplätzchen auf und fand darin folgende Warnung:

VORSICHT! JEMAND VERFOLGT DICH!

Er sah auf und entdeckte Cynthias wütenden Mann, der suchend das Restaurant betrat. Harry gelang es nur mit knapper Not, Cynthia durch den Hinterausgang fortzuschaffen. Hätte das chinesische Glücksplätzchen ihn nicht gewarnt, wäre dafür überhaupt keine Zeit mehr gewesen.

Wieder ein Zufall, entschied Harry – bis er die gleiche Warnung zum zweitenmal erhielt ... kurz bevor seine Frau (die chinesisches Essen nicht ausstehen konnte) das Restaurant betrat, in dem Cynthia und er aßen, so daß Harry in letzter Sekunde entwischen konnte.

Das führte dazu, daß Harry diese Mitteilungen ernster zu nehmen begann. Er hoffte auf einen unbezahlbaren Börsentip oder den Namen des nächsten Derbysiegers, aber er wurde enttäuscht. Außer in Notfällen enthielten die Glücksplätzchen allgemeine Lebensweisheiten oder banale Ratschläge.

Mit einer einzigen Ausnahme.

Dazu kam es, als Cynthia (die wie Harry gern chinesisch aß) und er die letzten Reste einer Mandarinente verzehrten und Cynthia ihm schilderte, wie mißtrauisch ihr Mann geworden sei, und wie überzeugt sie davon sei, daß auch Harrys Frau etwas von ihren geheimen Treffen wisse. In genau diesem Augenblick brach Harry ein Glücksplätzchen auf, zog den Papierstreifen heraus und las:

DU WIRST STERBEN!

Harry starrte den Text an und hätte sich fast an dem Plätzchen verschluckt. Das war natürlich unsinnig, völlig lächerlich. Dann änderte sich seine Haltung schlagartig. Er war empört. Wie kam irgendein unterbezahlter Kuli in Hongkong dazu, so einen Text in ein Glücksplätzchen zu stecken? Er überlegte, ob er sich beim Geschäftsführer beschweren sollte, aber dann ließ er es doch. Statt dessen stellte er fest, daß er sich nicht ganz wohl fühlte. Er brachte Cynthia nach Hause und ließ sie vor ihrer Wohnung aussteigen.

Als er eben wegfahren wollte, hörte er ein Geräusch am rechten Fenster. Er sah hinüber und erkannte Cynthias Mann, der mit einer Schrotflinte auf ihn zielte. Harry stieß einen Schrei aus, stieß die Autotür auf, stolperte ins Freie und prallte mit seiner Frau zusammen, die ebenfalls eine Schrotflinte in der Hand hatte.

Harry rannte. Er nahm undeutlich wahr, daß beide Flinten im gleichen Augenblick abgeschossen wurden, aber er spürte keinen Schmerz und dachte nicht daran, seine Flucht zu unterbrechen. Er rannte ohne Atempause weiter, bis er mindestens vier Straßen zwischen sich und die beiden gebracht hatte. Dann lehnte er sich an eine Hauswand, holte keuchend Luft und machte Inventur. Er schien keine Löcher zu haben und war auch nirgends blutig.

Gott sei Dank, dachte er, daß die beiden wütenden Ehegatten so verdammt schlecht gezielt haben!

Trotzdem zitterte er unkontrollierbar. Er mußte sich irgendwo ausruhen und entspannen. Vielleicht waren die beiden noch immer hinter ihm her; dann war er an einem belebten Ort sicherer. Er sah zu dem Gebäude auf, um festzustellen, wo er sich befand.

Er stand vor einem Chinarestaurant.

In diesem Lokal war er noch nie gewesen, und seine Neugier war bereits geweckt. Auch sein Appetit, obwohl er vor kaum einer Stunde chinesisch gegessen hatte. Außerdem fühlte er sich in solchen Restaurants immer sicher und zufrieden.

Harry Folger ging hinein und setzte sich an einen Tisch. Zu seiner Überraschung war er der einzige Gast. Als ein Ober erschien, bestellte er das Menü Nummer zwei. Er aß langsam, genoß jeden Bissen und vergaß die unangenehme Episode auf der Straße vor Cynthias Haus. Dann zerbrach er sein Glücksplätzchen und las den Text auf dem Papierstreifen.

Zuerst erfaßte er den Sinn gar nicht. Als er endlich begriff, was dort stand, sah er in panischer Angst auf – und begegnete dem Blick des Obers, der ihn jetzt mit einem Totenschädel angrinste. Harry suchte verzweifelt nach einem Ausgang, aber das Restaurant hatte weder Fenster noch Türen. Er konnte es nie mehr verlassen.

Er begann zu schreien.

Als er davon müde geworden war, hatte er wieder Hunger. Er bestellte ein anderes Menü und aß es auf. Der Text auf dem Papierstreifen in dem Glücksplätzchen war wieder der gleiche.

Danach aß er wieder ein Menü und danach wieder eines und danach wieder eines — und das Glücksplätzchen enthielt stets die gleiche Mitteilung. Sie lautete:

DU BIST TOT!

ROBERT F. YOUNG

Gespräche mit einem Vogel

Normalerweise verlief die Unterhaltung in der Apartmenage des Ehepaares Tompkins etwa folgendermaßen:

MR. TOMPKINS: In der Cafeteria habe ich heute mittag im Tevau gesehen, daß sie wieder einen dieser radikalen Umstürzler verhaftet haben.

MRS. TOMPKINS: Tatsächlich? Was hat er denn angestellt?

MR. TOMPKINS: Das gleiche wie die anderen – er ist herumgelaufen und hat Lügen über gewöhnliche Leute wie uns verbreitet. Dieser eine hat behauptet, wir seien »ein von der Regierung subventioniertes millionenköpfiges Monstrum, das die letzten Spuren von Wahrheit und Schönheit auf der Erde austilgen will«. Kannst du dir vorstellen, daß jemand die Frechheit besitzt, solche sarkastischen Bemerkungen zu machen? Dabei hat der Präsident erst neulich gesagt, wenn es keine Leute wie uns gäbe, die bescheiden ihre Pflicht tun und die Gesetze achten, würde unsere Zivilisation untergehen!

MRS. TOMPKINS: Und er hat recht, sage ich dir. Leute wie wir sind das Salz der Erde, und wenn du mich fragst, sind diese Unzufriedenen nur neidisch. Was soll ich zum Abendessen bestellen – Schinken oder Roastbeef?

MR. TOMPKINS: Wenn die gewöhnlichen Leute wie wir nicht das Boot ruhighalten würden, hätten solche Typen es längst umgekippt, und was hätten wir dann alle davon? ... Steht außer Schinken und Roastbeef nichts anderes auf dem Speiseplan?

MRS. TOMPKINS: Was ist mit dir los, Arthur? Du weißt doch, daß heute Donnerstag ist und daß alle Automatikapartments donnerstags nur Schinken oder Roastbeef servieren.

MR. TOMPKINS: Richtig – das hatte ich ganz vergessen. Gut, dann meinetwegen Roastbeef.

MRS. TOMPKINS: Bratkartoffeln oder Kartoffelbrei?

MR. TOMPKINS: Brei. Und wenn du schon stehst, kannst du gleich den Tevau anstellen, ja?

Am Abend vor der Ankunft des Bartlett-Vogels verlief die Unterhaltung in der Apartmenage des Ehepaares Tompkins folgendermaßen:

MR. TOMPKINS: In der Zeitung steht, daß das Kaufhaus Grimbel marsianische Rowks als Sonderangebot hat. Anscheinend haben sie eine ganze Schiffsladung aufgekauft, damit sie sie zum halben Preis abgeben können.

MRS. TOMPKINS: Was ist ein Rowk?

MR. TOMPKINS: Soll das heißen, daß du nicht weißt, was ein Rowk ist?

MRS. TOMPKINS: Dem Namen nach könnte es irgendein verrückter Vogel sein. Was soll ich zum Abendessen bestellen – gebackene Bohnen oder Chop Suey?

MR. TOMPKINS: Ein Rowk ist ein sprechender Vogel, kein verrückter Vogel. So ähnlich wie ein Papagei, nur kleiner und tausendmal klüger – er vergißt nichts, was er jemals gehört hat. Er hat purpurrote Federn mit rosa Punkten auf der Brust und schläft mit dem Kopf nach unten an seiner Stange hängend ... Steht außer gebakkenen Bohnen und Chop Suey nichts anderes auf dem Speiseplan?

MRS. TOMPKINS: Was ist mit dir los, Arthur? Du weißt doch, daß heute Montag ist und daß alle Automatikapartments montags nur gebackene Bohnen oder Chop Suey servieren.

MR. TOMPKINS: Richtig – das hatte ich ganz vergessen. Gut, dann meinetwegen gebackene Bohnen. Wollen wir uns nicht einen anschaffen? Ich könnte ihn morgen nach der Arbeit kaufen.

MRS. TOMPKINS: Klar, warum denn nicht, solange sie billiger sind? Dann habe ich wenigstens jemand, mit dem ich mich tagsüber unterhalten kann. Willst du die Bohnen mit Salzfleisch oder Schinken?

MR. TOMPKINS: Salzfleisch. Und wenn du schon stehst, kannst du gleich den Tevau anstellen, ja?

MR. TOMPKINS: Warum ist nur noch ein Rowk übrig? In der Zeitung hat gestanden, Sie hätten eine ganze Schiffsladung gekauft.

DER VOGELVERKÄUFER: Natürlich haben wir eine ganze Schiffsladung gekauft. Sie glauben doch nicht etwa, daß Grimbel lügen würde, oder?

MR. TOMPKINS: Aber warum ist dann nur noch einer übrig?

DER VOGELVERKÄUFER: Was haben Sie anderes erwartet? In der Zeitung hat ›Sonderangebot‹ gestanden, nicht wahr? Die Leute haben den ganzen Tag wie verrückt Rowks gekauft, und Sie können von Glück sagen, daß überhaupt *einer* übriggeblieben ist.

MR. TOMPKINS (zeigt auf den einzelnen Vogel in seinem Käfig auf dem Ladentisch): Warum sind Sie auf *dem* sitzengeblieben, wenn so viele Leute Rowks gekauft haben?

DER VOGELVERKÄUFER: Weil wir bei Grimbel zu ehrlich sind, um ihn zum Verkauf zu stellen, bevor alle anderen verkauft waren. Irgend jemand – wahrscheinlich ein Besatzungsmitglied des Raumfrachters, mit dem er vom Mars hierher transportiert worden ist – hat ihn mit Buchbändern überfüttert. Mr. Grum, der Leiter unserer Buchbandabteilung, hat nicht alle Bänder identifizieren können, aber er glaubt, daß eines davon Bartletts *Vertraute Zitate* gewesen sein muß.

MR. TOMPKINS (weise): Ah, das kenne ich. Es hat mit Birnen zu tun, nicht wahr?

DER VOGELVERKÄUFER: Nicht nach Mr. Grums Aussage. Seiner Erklärung nach ist es eine Sammlung alter Gedichte und Sprichwörter. Sie kennen doch den Ausdruck »wandelndes Konversationslexikon«? Nun, dieser Rowk ist eine Art »fliegendes Lexikon«, wenn Sie wissen, was ich meine, aber statt nützliche Fakten und Zahlen zu kennen, hat er den Kopf voller unpraktischer Wörter und Sätze. Am besten reden Sie ihn selbst an, damit Sie sehen, was ich damit meine.

MR. TOMPKINS (zum Käfig gewandt): Guter Junge.

DER BARTLETT-VOGEL: »An sich ist nichts weder gut noch böse, das Denken macht es erst dazu.«

DER VOGELVERKÄUFER: Da, sehen Sie? Er wiederholt die Worte nicht einfach wie normale Vögel – er hakt irgendwo ein und gibt eine passende Antwort.

MR. TOMPKINS: Gib mir einen Kuß, hübscher Junge.

DER BARTLETT-VOGEL: »Minnie küßt' mich, als wir uns trafen, und seitdem kann ich nicht mehr schlafen.«

MR. TOMPKINS: Wer ist Minnie?

DER VOGELVERKÄUFER: Keine Ahnung. Hören Sie, eben vorhin war unser Abteilungsleiter hier und hat mir gesagt, daß ich bei diesem Vogel fünfundzwanzig Prozent nachlassen darf. Wenn Sie ihn wollen, können Sie ihn für vier Fünftel des regulären Preises haben – der Käfig geht natürlich extra.

MR. TOMPKINS (zweifelnd): Ich weiß nicht recht ...

DER VOGELVERKÄUFER: Fünfundzwanzig Prozent Nachlaß.

MR. TOMPKINS: Nun, ich ...

DER VOGELVERKÄUFER: Fünfzig Prozent. Mehr kann ich beim besten Willen nicht nachlassen.

MR. TOMPKINS: Gut, ich nehme ihn.

DER VOGELVERKÄUFER: Mit diesem Gelegenheitskauf haben Sie wirklich Glück gehabt, Sir.

DER BARTLETT-VOGEL: »Im Leben regiert das Glück, nicht die Weisheit.«

Am Abend der Ankunft des Bartlett-Vogels verlief die Unterhaltung in der Apartmenage des Ehepaares Tompkins folgendermaßen:

MRS. TOMPKINS: Oh, du hast also einen gekauft. Hat er schon etwas gesagt?

MR. TOMPKINS (schließt die Tür und stellt den Käfig auf einen kleinen Tisch): Er hat viel geredet, aber das meiste war Blödsinn. Er ist ein Bartlett-Vogel.

MRS. TOMPKINS: Ein Bartlett-Vogel! Ich dachte, du wolltest einen Rowk kaufen.

MR. TOMPKINS (zieht den Mantel aus und setzt sich neben sie auf die Tevau-Couch): Er ist ein Rowk. Aber er hat ein paar Buchbänder auswendig gelernt und wirft jetzt mit Gedichtzeilen oder alten Sprichwörtern um sich.

MRS. TOMPKINS: Na, das ist wieder typisch! Im Geschäft müssen sie sich die Hände gerieben haben, als sie dich gesehen haben.

MR. TOMPKINS: Aber ich habe sie früher gesehen. Ich habe den Vogel spottbillig bekommen.

MRS. TOMPKINS: Aber was nützt dir das, wenn er nicht richtig spricht?

MR. TOMPKINS: Das bringe ich ihm noch bei. Du mußt mir nur ein bißchen Zeit lassen.

MRS. TOMPKINS: Wenn man sich vorstellt, daß dieser Vogel anders als die übrigen Vögel sein will ... Für wen hält er sich eigentlich? Was soll ich zum Abendessen bestellen – Koteletts oder Leber?

MR. TOMPKINS: Er versucht nicht wirklich, anders zu sein. Er hat nur zuviel Buchwissen abbekommen.

MRS. TOMPKINS: Das ist praktisch das gleiche.

MR. TOMPKINS: Warum gibt's schon wieder Kotelett oder Leber? Das hat doch erst neulich auf dem Speiseplan gestanden!

MRS. TOMPKINS: Nein, das stimmt nicht, Arthur! Sie haben eine ganze Woche lang nicht mehr auf dem Speiseplan gestanden. Wenn du so redest, könnte man fast glauben, du würdest langsam zu einem dieser radikalen Unzufriedenen, die sich einbilden, unsere Zivilisation sei nicht gut genug für sie.

MR. TOMPKINS (hastig): Koteletts.

MRS. TOMPKINS: Vollkornbrot oder weißes?

MR. TOMPKINS: Weißes.

DER BARTLETT-VOGEL: »Brot und Spiele! Brot und Spiele!«

MR. TOMPKINS: Kleiner Vogel, es wird höchste Zeit, daß jemand dein Wissen auf den neuesten Stand bringt.

DER BARTLETT-VOGEL (hüpft auf seiner Stange auf und ab): Epigoni! Epigoni!

MRS. TOMPKINS: Was soll das wieder heißen?

MR. TOMPKINS: Keine Ahnung. Das kommt mir spanisch vor.

MRS. TOMPKINS: Ein toller Vogel! Kann nicht mal richtig Englisch.

MR. TOMPKINS: Wart's nur ab – nach dem Essen bringe ich ihm Englisch bei!

MRS. TOMPKINS (steht auf und tritt an den Menüwähler): Hoffentlich!

Später:

MR. TOMPKINS (schiebt seinen leeren Teller zurück und wendet sich an den Bartlett-Vogel): So, kleiner Vogel, jetzt ist es Zeit für deine erste Lektion.

DER BARTLETT-VOGEL: »›Es ist Zeit‹, sagte das Walroß, ›von vielen Dingen zu sprechen . . .‹«

MRS. TOMPKINS (reaktiviert den automatischen Eßtisch und schickt ihn in den Automatiklift zurück): Haha!

MR. TOMPKINS: Halt's Maul! (Zu dem Bartlett-Vogel): Wenn du weißt, was gut für dich ist, kleiner Vogel, benimmst du dich in Zukunft anders, verstanden? Das ist nur zu deinem eigenen Vorteil!

DER BARTLETT-VOGEL: »Wer bei seinen Handlungen immer auf Vorteil bedacht ist, wird sich viele Feinde machen.«

MR. TOMPKINS: Unsinn, wir sind doch nicht deine Feinde!

DER BARTLETT-VOGEL: »König Antigonus befahl seinem Priester, ein Opfer zu bringen, damit Gott ihn vor seinen Freunden schütze. Gefragt, warum nicht vor seinen Feinden, antwortete er: Vor den Feinden kann ich mich selbst schützen, vor den Freunden aber nicht.«

MRS. TOMPKINS (lachend): Na, wer lernt jetzt von wem?

MR. TOMPKINS: Dem zeig' ich's noch! Ich dreh ihm den Kragen um!

DER BARTLETT-VOGEL: »Lebe wohl, und wenn für immer, dann für immer, lebe wohl!«

MRS. TOMPKINS: Nein, das tust du nicht, Arthur. Wir gewöhnen ihm diesen Unsinn ab – und wenn's ein Jahr dauert!

DER BARTLETT-VOGEL: »Komme, was kommen mag, die Stunde rennt auch durch den rauhsten Tag.«

MR. TOMPKINS: Ja, aber wie willst du das anfangen?

DER BARTLETT-VOGEL: »Unheil, du bist im Zuge; nimm, welchen Lauf du willst!«

MRS. TOMPKINS: Keine Angst, mir fällt schon etwas ein.

DER BARTLETT-VOGEL: »Die Hölle ist mit guten Vorsätzen gepflastert.«

MRS. TOMPKINS: Am besten deckst du inzwischen seinen Käfig zu, und ich stelle den Tevau an.

DER BARTLETT-VOGEL: »Ins Bett und auf zu früher Stund, das macht uns reich, klug und gesund.«

MR. TOMPKINS (faltet das Tuch auseinander): Gute Idee.

DER BARTLETT-VOGEL: »Ich habe viele Ideen, aber wenig Zeit. Ich rechne damit, nur etwa hundert Jahre alt zu werden.«

MRS. TOMPKINS (bleibt auf dem Weg zum Tevau stehen): Tevau! Das ist *die* Idee, Arthur!

DER BARTLETT-VOGEL: »Denken ist die schwerste Arbeit, die es gibt. Das ist wahrscheinlich auch der Grund, daß sich so wenig Leute damit beschäftigen.«

MR. TOMPKINS (deckt den Käfig zu): Was meinst du?

MRS. TOMPKINS: Merkst du das nicht? Der Vogel ist so komisch geworden, weil er zu viele Buchbänder gehört hat. Vielleicht können wir ihn kurieren, indem wir ihn jetzt zuviel Tevau aussetzen. Wenn wir abends zu Bett gehen, stellen wir seinen Käfig vors Gerät und schalten ein Programm ein, das die ganze Nacht läuft. Oder wir können ihn auch vors Radio setzen.

MR. TOMPKINS: Hmmm.

MRS. TOMPKINS: Ein Versuch kann doch nicht schaden, oder? Du kannst den Vogel schließlich nicht umtauschen – und so nützt er uns nichts.

MR. TOMPKINS (gibt sich einen Ruck): Gut, einverstanden!

Am Morgen nach der Ankunft des Bartlett-Vogels verlief die Unterhaltung in der Apartmenage des Ehepaares Tompkins folgendermaßen:

MRS. TOMPKINS: Was soll ich zum Frühstück bestellen? Eier oder Haferflocken?

MR. TOMPKINS: Haferflocken.

MRS. TOMPKINS: Ob die Behandlung genützt hat?

MR. TOMPKINS (tritt an den Käfig, nimmt das Tuch ab und starrt hinein): Guter Junge.

DER BARTLETT-VOGEL: »An sich ist nichts weder gut noch ... an sich ist nichts weder gut noch ...«

MRS. TOMPKINS: Siehst du? Er vergißt schon, was er gelernt hat!

MR. TOMPKINS: Gib mir einen Kuß, hübscher Junge.

DER BARTLETT-VOGEL (blinzelnd): »Minnie ...« gluck-gluck ... »Nehmt Lippentoast, den Lippenstift mit Proteinen! Ein Produkt unserer Zeit – beim Küssen essen! Der energiereichste Lippenstift auf dem Markt!«

MRS. TOMPKINS: Siehst du?

DER BARTLETT-VOGEL: »Wer nicht sieht, was ... was ...«

MR. TOMPKINS: Weißt du, was wir tun? Du stellst den Tevau lauter und läßt unseren Vogel den ganzen Tag davor. Dann müßte er bis heute abend kuriert sein.

MRS. TOMPKINS: Richtig, wir kurieren ihn noch! Schließlich hat er genug gekostet. Das kannst du alles mir überlassen.

MR. TOMPKINS: Beeil dich mit dem Frühstück, sonst komme ich zu spät ins Büro.

MRS. TOMPKINS (wählt): Was willst du nach den Haferflocken – Toast oder Semmeln?

MR. TOMPKINS: Semmeln.

Am Abend nach der Ankunft des Bartlett-Vogels verlief die Unterhaltung in der Apartmenage des Ehepaares Tompkins folgendermaßen:

MR. TOMPKINS (schließt die Tür und zieht den Mantel aus): Na, wie hat's geklappt?

MRS. TOMPKINS: Prima. Der arme Kleine ist noch etwas durcheinander, aber es dauert bestimmt nicht lange, bis er wieder normal ist. Ich habe ihm beigebracht, wie man hinter Mädchen herpfeift, und er kann den Pfiff schon fast.

MR. TOMPKINS (tritt an den Käfig und starrt hinein): Guter Junge.

DER BARTLETT-VOGEL: »An sich ist .. An sich ist ...« Guter Junge! Guter Junge! Guter Junge!

MRS. TOMPKINS: Na, ist das nicht schon viel besser?

MR. TOMPKINS (setzt sich neben sie auf die Tevau-Couch): Kann sein.

MRS. TOMPKINS: Was soll ich zum Abendessen bestellen – Sauerkraut mit Würstchen oder Spaghetti mit Fleischsoße?

MR. TOMPKINS: Steht außer ...

MRS. TOMPKINS: Beides hat es eine ganze Woche lang nicht mehr gegeben! Ehrlich, Arthur, manchmal benimmst du dich, als wärst du mit dieser wunderbaren Welt, in der wir leben, nicht zufrieden! Möchtest du etwa wieder in der schlimmen Zeit leben, in der kleine Leute wie wir selbst zurechtkommen mußten und keine von der Regierung subventionierten Jobs und keine von der Regierung subventionierten Automatikapartments hatten? Als ›Sozialfürsorge‹ ein anrüchiges Wort war? Würdest du das wollen, Arthur? Wirklich?

MR. TOMPKINS (schuldbewußt): Natürlich nicht. Spaghetti mit Fleischsoße, nehme ich an ... Hast du den Rowk den ganzen Tag vor dem Tevau gelassen, wie ich's dir gesagt habe?

MRS. TOMPKINS: Ununterbrochen. Das zeigt nur, daß man eben seinen Kopf gebrauchen muß, nicht wahr? Wir hätten fast etwas Wertloses erwischt, aber durch Nachdenken ist es uns gelungen, daraus etwas Brauchbares zu machen. Willst du Vollkornbrot oder weißes?

MR. TOMPKINS: Vollkornbrot.

DER BARTLETT-VOGEL (blinzelt heftig): »Brot und ... Brot und ...« *Schilp-schilp! Schilp-schilp!*